新教师的第一年
——新教师成长指南

主　编　邹江霞　王小莉
副主编　谭红艳　蒋元斌

编委（按姓氏笔画排序）

王小莉　叶知青　冯志刚　向　艳　刘　莹　刘　捷
刘　鋆　杜　鹏　李应友　邱　静　张云孝　陈书忠
陈秋良　林　琼　周丽清　周钟谊　周家凤　胡　瑶
钟　洁　姚春燕　黄小琴　熊双同

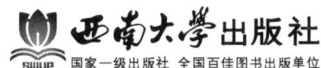

图书在版编目(CIP)数据

新教师的第一年：新教师成长指南/邹江霞,王小莉主编. -- 重庆：西南大学出版社,2024.3
ISBN 978-7-5697-2085-3

Ⅰ.①新… Ⅱ.①邹… ②王… Ⅲ.①青年教师－师资培养－指南 Ⅳ.①G451.2-62

中国国家版本馆CIP数据核字(2024)第061716号

新教师的第一年——新教师成长指南
XIN JIAOSHI DE DI-YI NIAN——XIN JIAOSHI CHENGZHANG ZHINAN

主　编：邹江霞　王小莉
副主编：谭红艳　蒋元斌

责任编辑：郑先俐
责任校对：雷　兮
装帧设计：艺点
排　　版：江礼群
出版发行：西南大学出版社(原西南师范大学出版社)
　　　　　地址：重庆市北碚区天生路2号
　　　　　邮编：400715
印　　刷：重庆市正前方彩色印刷有限公司
成品尺寸：170 mm×240 mm
印　　张：14.25
字　　数：235千字
版　　次：2024年3月第1版
印　　次：2024年3月第1次印刷
书　　号：ISBN 978-7-5697-2085-3
定　　价：58.00元

序言

据报道,2022年,全国教师资格报考人数从2012年的17.2万人次跃升至1144.2万人次,10年增长了近66倍。"教资热"背后是"教师热",随之而来的是教师的来源越来越丰富多元和入职门槛的不断提高。

很多教师历经千辛万苦,入职后发现,教育主管部门、学校对教育教学质量的要求越来越高,人民群众对优质教育的期待越来越高,社会对教师的关注度越来越高,而自己所学与实践需要却相去甚远。入职第一年的他们没有过渡期,将直接和老教师一样承担相同的教育教学任务,与此同时,他们还要完成从学生到教师的角色转换,要实现教育教学能力的不断提升,要学习处理单位的人际关系和工作琐事……这些,对于新教师而言都是巨大的挑战,处理不好容易造成新教师的职业恐慌,更有甚者会选择放弃。

虽然新教师在第一年会参加区域或者学校开展的各种培训活动,但区域性培训时间有限,校际校本培训质量差异明显,培训内容无法满足新教师的所有需求,也缺乏对非师范专业出身的新教师进行的系统培训,指导教师的指导能力和精力参差不齐,新教师想自学成长却不知道该从何入手,因此,入职的第一年成为新教师最艰难的时期。

调研中,众多从新教师走过来的资深教师反馈:快速完成角色转换能让新教师更加从容不迫,迅速提升教育教学能力能让新教师增强信心,妥善处理好人际关系能让新教师融入团队,高效处理繁杂的工作事务能让新教师游刃有余……所以,入职的第一年又是奠定新教师职业热爱的关键时期。

我们希望有这样一位"老师",可以随时陪伴在新教师的身边,减少新教师对未知的恐慌,为他们提供可参考的蓝本,帮助他们做好角色转变的准备、解答教学中的疑惑、解决课堂管理中的难题、处理人际关系中的困局。

于是,20余位名优教师广泛调研、科学谋划,力争为入职第一年的新教师提供可操作、全方位的成长指导,《新教师的第一年——新教师成长指南》应运而生。

本书以时间为序,共设13章,第一、二章围绕入职前的思想准备和实务准备,供新教师在暑假期间阅读,为正式入职做好铺垫;第三至十二章是本书的主要部分,供新教师在9月至第二年6月阅读,这10个章节从团队融入、教育教学方法、高效工作、家校沟通、学生评价等方面给新教师提出了中肯的建议和可行的策略;第十三章以职业规划为主题,旨在帮助新教师在完成一年的实践及反思后,对未来有新的规划和思考,以期走得更好、更远。

《新教师的第一年——新教师成长指南》是一本指导书,也是一本工具书,更是一本成长书,是资深教师在教学中不懈实践和探索的宝贵经验与体会,希望能为新教师提供更多的指引、更多的思考、更多的借鉴,也希望新教师树立终身学习的理念,让这样一本书帮助他们顺利开启从教生涯之门,帮助他们走出第一年的焦虑和彷徨,鼓励、支持他们向合格教师、骨干教师、名优教师一步步迈进。

编写组

2024年2月

目录

第一章　做好入职准备 ……………………………1
教师都会经历的问题 ………………………2
给新教师的10条建议 ………………………4
做个简明的入职规划 ………………………7
以好老师的标准要求自己 ………………10

第二章　展望教育生活 …………………………13
新时期教师的新角色 ……………………14
开学前要做好哪些准备 …………………17
新教师应知的9个教学细节 ……………20
请留好第一印象 …………………………24

第三章　开启职业生涯 …………………………27
克服第一天的紧张 ………………………28
快速记住学生的名字 ……………………30
帮助你轻松度过第一周 …………………32
编排座位的小策略 ………………………35

第四章　融入学校团队 …………………………39
做一个有礼有节的新教师 ………………40
修炼你的团队合作技能 …………………42
和同事相处的10个原则 …………………45
学会向身边的同事学习 …………………48

第五章　了解"合格"路径 ·················· 53
　　优秀教师的特质 ························· 54
　　合格课的评估标准 ······················· 57
　　提高口语表达能力的简短练习 ············· 59
　　养成"问课"的习惯 ····················· 63

第六章　积极高效做事 ···················· 67
　　高效做事从"不抱怨"开始 ··············· 68
　　培养积极主动的心态 ····················· 72
　　管理时间的小提示 ······················· 75
　　教师常用的信息化软件 ··················· 78

第七章　赢得学生喜欢 ···················· 81
　　让学生明白你对他们的关心 ··············· 82
　　创建一个温馨的班级环境 ················· 85
　　建立班级学生档案袋 ····················· 88
　　赢得学生尊重的10条途径 ················ 90

第八章　有效开展教学 ···················· 93
　　告别填鸭式教学 ························· 94
　　课堂教学的有效策略 ····················· 96
　　建立小组合作学习模式 ··················· 99
　　开展有效的复习 ························ 102

第九章　精准指导学习 ··················· 105
　　培养学生学习兴趣的60个妙招 ··········· 106
　　培养学生50个好习惯 ··················· 110

对作业应该有要求 …………………………………………… 114

学生不按时交作业怎么办 …………………………………… 119

有创意的家庭作业 …………………………………………… 121

帮助学生提高阅读能力的策略 ……………………………… 124

第十章 智慧管理班级 …………………………………… 127

学生管理中新教师易犯的10种错误 ………………………… 128

决不允许发生的学生行为 …………………………………… 132

学生不良行为的表现及常见原因 …………………………… 134

解决纪律问题的有效策略 …………………………………… 137

班级管理的有效方法 ………………………………………… 140

面对"熊孩子"怎么办 ……………………………………… 143

第十一章 促进家校合作 ………………………………… 147

如何与家长进行有效沟通 …………………………………… 148

如何应对不讲理的家长 ……………………………………… 152

学会策划家校共育活动 ……………………………………… 156

组织家教沙龙,促进家长成长 ……………………………… 159

系统谋划,形成家校共育合力 ……………………………… 163

第十二章 巧用多维评价 ………………………………… 169

巧用课堂评价语 ……………………………………………… 170

巧写作业评语 ………………………………………………… 173

指导学生常规的考试策略 …………………………………… 176

合理开展学科测评 …………………………………………… 178

科学评价学生的作业 ………………………………………… 184

第十三章 规划职业未来 ···································· 187

有颗成为名师的心 ···································· 188

书中自有诗和远方 ···································· 190

精彩人生需笔耕 ······································ 193

未来5年巧规划 ······································ 198

了解人事政策,助力职业发展 ·························· 205

从"专长"到"专业" ································ 213

做"城里"的奋斗者 ·································· 216

后　记 ·· 219

第一章
做好入职准备

7月,刚刚走出大学校园的你,即将面临从学生向教师角色的转换,或许你有些兴奋,也有些期待,或许还有些小担忧和小彷徨……无论是什么心情,都建议你好好利用暑假的时间去做好入职准备,比如:认识一下教师职业,听听资深教师的建议,做好入职规划,了解优秀教师的特质等。把戴尔·卡耐基的一句名言送给大家:"不为明天做准备的人,永远不会有未来。"

教师都会经历的问题

> 有些文艺范儿的小T,在大学主修艺术,因为偶然看到了《放牛班的春天》这部电影,对教师工作产生了一种朦胧的好感。后来,她陆陆续续看了《一个都不能少》《美丽的大脚》《老师·好》《嗝嗝老师》《一生只为一事来》一系列关于教师的影片,坚定了对教师职业的向往。于是,大学毕业后,她毅然选择了做一名小学教师。
>
> 然而,真实的教学生活与她心目中自带滤镜的教师职业相去甚远:无法按教案进行教学的课堂、学生们层出不穷的小状况、性格不同要求各异的家长,还有学校各种各样的活动……鸡毛蒜皮的琐事让她手忙脚乱,差点儿消耗了所有的热情。还好在结对师父的帮助下,她终于熬过了最艰难的那段时光。后来,一有机会,她就会对想当老师的学生们说:"教师确实是美好又具有挑战性的职业,但是你一定要做好艰难开局的准备。"

恭喜你,如愿以偿成为一名教师!这是很多人梦寐以求的职业。你的优秀,让你从千万人中脱颖而出,你值得被赞许!

但是,入职前,你必须对这份职业有一个清醒的认识,在看到它的美好的同时,必须清楚所有教师都会经历的问题。有了充足的心理准备,你便不会慌张,也不至于掉入失望的陷阱。

教育最吸引人的原因很简单——学生!你工作的对象是鲜活的生命,你可以看到那些生命在你的教育和陪伴下一天天发生变化。有的从一页白纸变成五彩画卷,有的从无知懵懂变得成熟稳重,有的从大山深处走向大学殿堂……你在这些生命成长的过程中,起到了举足轻重的作用,你是伟大的。

然而,陪伴生命成长的过程是漫长而艰辛的。你从教的每一天,可能都会有问题伴随,有的问题容易应对,有的问题需要时间和智慧去解决,有的问题甚至没有办法切实有效地解决。

这些问题,是每位教师都可能会经历的:

- ◎ 枯燥沉闷的作业堆
- ◎ 家长不支持、不合作
- ◎ 疲惫、精疲力竭
- ◎ 与学生有年龄上的代沟
- ◎ 频繁发生的课堂意外
- ◎ 课下与学生相处的时间不多
- ◎ 与家长沟通困难
- ◎ 解决纪律问题缺乏实用的对策
- ◎ 教学设备用得不顺手
- ◎ 短时间内需要做的杂务很多
- ◎ 学生家庭问题难以解决
- ◎ 工作得不到领导认可
- ◎ 学生打架斗殴事件频出
- ◎ 教学效果不理想

当你被这些问题困扰时,请不要抱怨,不要绝望。但凡做教师,都会经历这些问题。无论学校多么理想、多么完美,新教师或资深教师,初级教师、中级教师或高级教师,都得应对和处理各类问题,甚至有的人做了一辈子教师,到最后还是会被这些问题牵绊。

为学生解决成长中的各种问题是教师的使命。一位拥有30年教龄的教师对新教师说过这样一段话:"为了有效地教育学生,你必须时刻以他们的幸福和安宁为中心,你必须摆脱学习一定很有趣的错误观念。学习需要艰辛的努力和坚定不移的信念,只有在学生懂得了怎样去做一件事情,并且下一次可以独立完成的时候,趣味和快乐才会产生。"

所以,请做好充分的心理准备,坦然面对你将要经历的一切!

好书推荐

《给初为人师的女儿20条贴心建议》

于永正/著　教育科学出版社

推荐理由:这是教育部在"跨世纪园丁工程"中向全国推出的首位名师于永正老师谈教育理念的随笔文集。这些文章短小精悍、文风朴实,是一位父亲对女儿的期望和教诲,更是一位献身教育的伟大师者的智慧箴言。阅读本书,你将从于老师的教育人生中感悟到爱的力量、细节的艺术,找到启发自己教育教学的方法和经验。

给新教师的10条建议

> 工作3年了，小Y老师还未找到职业的归属感，每天都在办公室里抱怨工作压力大、家长难沟通、学生难教、"两点一线"的生活毫无成就感……
>
> 见她如此痛苦，同事对她说："如果你真的不喜欢这份职业，建议你想想什么职业可以给你带来幸福感，你尽管去尝试。"过了很长一段时间，小Y对同事说："我想了很久，确实想不出别的什么职业适合我。离开教育，我也不知道自己能做什么，相比之下，好像教育更具有挑战性。"从此，再也没有听到小Y老师的抱怨声，孩子、家长、同事都感受到了她的阳光和进步。

教师这份职业与其他职业不同，它承担着特殊的社会职能，教育的对象是天真烂漫、充满活力的孩子，需要从业者慎重对待。作为教师，我们不能只把它当作一种为自己提供基本物质生活保障的手段。如果教师不能爱上这份职业、投入这份职业，对于教育事业而言是悲哀的，对于教师本人而言则会是痛苦的。下面10条建议，希望能帮助你尽快找到角色定位。

◆ **努力喜欢做教师**

如果想将工作做好，你最好是能喜欢这份工作。可能一开始你还谈不上喜欢做教师，但最起码你不要讨厌它，否则你真的很难将这份工作做好，甚至会觉得很煎熬。当然，喜欢可以培养，多看看名师传记，经常找理由给自己一个暗示"教师职业真的很好，因为……"，真心对待学生后得到学生的正向反馈等，都会让你慢慢改变。当你真正爱上这份职业，你会发现前路迷雾尽散，你的心情也会愉悦起来。

◆ **经历一段过渡期**

教师职业是与人打交道的工作，你面对的不是机器、车间流水线，而是一个个有思想、有活力的人，每个人都会有不同的观点和感受，你需要正确应对所有学生形形色色的需求。因此,你需要尽快转变角色,努力地学习沉淀。在经历一段过渡期后,你才能从容地传授知识,及时地处理突发情况,友好地和学生们相处,有条不紊地处理杂事,慢慢变得游刃有余。

◆ 丰富教育学、心理学理论

要想做一名优秀的教师,必须有丰富的教育学、心理学理论。理论可以给你指引,让你遇到问题或者课堂突发状况的时候,可以迅速找到解决的思路和办法。如果理论运用恰当的话,可以让你的课堂变得更加生动高效,让你的学生特别喜欢上你的课。师范专业毕业的教师可以根据实践需要再深入研究某个理论,非师范专业毕业的教师一定要补上教育学、心理学理论这个短板。

◆ 脸上时常挂着笑容

做教师不仅要喜欢这份职业,而且要喜欢学生,把他们当作自己的孩子来看待,虽然这对于新教师来说很难,但是亲和力会大大提升你的魅力,拉近你和学生的距离。"亲其师,信其道",学生喜欢你了,自然会乐意接受你所传授的知识。经常对着镜子练习让人觉得舒心的笑容,相信你也会收获更多的笑容。

◆ 拥有扎实的基本功

教师除了要有扎实的学科基本功外,还要有通识性的基本功,比如:钢笔字、粉笔字、普通话……有的科目(如数学、物理等)的教师还需要具有一定的简笔画功底,有时候需要画图,画图规范有助于学生理解和接受相关知识。梳理一下你的学科需要你具备哪些基本功,不足的从现在开始练起来。

◆ 专业基础要扎实

这就是所谓的学有所长。首先你必须扎实掌握自己所学的专业知识,教师有了一桶水才能够给学生一杯水。教师不仅专业基础要扎实,还要不断学习,更新知识体系,并能够做到融会贯通,这样在给学生讲课的时候才能与时俱进、深入浅出,使学生容易理解。

◆ 具备灵活的课堂应变能力

教师的教育对象是一个个有思想、有活力的学生,把几十个学生放在一个教室里学习,难免会出现一些意外情况,比如,有的学生突然身体不适,有的学生忘记带书本,有的学生没有完成作业,有的学生违反课堂纪律等。教师在课堂上要灵活应变,及时合理地处理课堂突发状况,这样才能让教学活动顺利进行。

◆ 记住每个学生的名字

不管你的记忆力如何,任教哪个学科,你都应该尽快记住每个学生的名字。当你准确而响亮地叫出某个学生的名字的时候,你会发现,他的眼睛立刻被你点亮了,他意识到了自己被关注着。特别是一些周课时较少的学科,如果任课教师能记住每个学生的名字,必定会更受他们的欢迎。

◆ 及时而恰当地表扬学生

好学生都是夸出来的,但是不要让你的表扬泛滥。你要及时而恰当地表扬你的学生,及时的表扬可以让他获得继续努力的动力,恰当的表扬可以让他正视自己的现状。

◆ 做好时间管理,勤奋工作

作为一名教师,你会有很多工作要做,你要备课、批改作业、上课、处理班级杂事,还要时刻准备应对一切突发状况,或接受学校安排的临时任务等,这些都需要你做好时间管理、勤奋工作。如果你拖拉,可能站在讲台上就会很窘迫,也可能会欠下很多账压得自己喘不过气。

好书推荐

《给新教师的建议》

李镇西,等/著　湖南人民出版社

推荐理由:本书以新教师工作中的各种问题为出发点,从给新教师关于"基本素养"的建议、关于师生关系的建议、关于课堂教学的建议、关于修身养性的建议等方面,为新教师指明成长路径,为新教师提供破解难题的思路,是一本全面且精细的新教师实操指南。

做个简明的入职规划

> 走访入职一两年的教师:工作以来你最大的收获是什么?多数教师认为,最大的收获是慢慢适应了学校生活,不再那么慌张、迷茫,因为知道了什么时候应该干什么事、应该怎么安排。
>
> 小Q在刚入职时总是感觉到忙乱,不知道下一步应该做什么,应该做成什么样子。师父告诉他,新教师需要一边适应现在,一边思考未来,养成良好的教育习惯,这才是正确的职业开启方式。于是,小Q在师父的指导下规划了新入职一年希望达成的目标,并为达成目标制定了阶梯式的措施。慢慢地,他的工作和生活都变得井井有条了。

有人通过实践研究总结出优秀教师的100个好习惯[1],涉及教育习惯、教学习惯、学习习惯、生活习惯、行为习惯等五个方面。刚入职的你,应当给自己做一个小小的规划,从第一年就开始培养一些好习惯,坚持下去,你一定可以成为优秀的教师。

影响教师一生的100个好习惯

习惯	内容	
教育习惯篇:做一名智慧的教育者	1.切记,一个学生一个世界 2.做一名阳光的教师 3.教师,请记住学生的名字 4.教师,要有耐心 5.要善于换位思考 6.控制好你的情绪 7.谈心是一门艺术 8.毫不吝啬地赞美学生 9.换个思路激励学生 10.给"特殊学生"特别的关爱 11.期盼是更深层的爱	12.威信:教育的潜在动力 13.公正,就是对学生的尊重 14.做学生的知心朋友 15.宽容是一种美德 16.教育需要严格 17.引导学生相互欣赏 18.把学生放在第一位 19.引导学生生动活泼地发展 20.与家长常沟通 21.每天反思一下自己

---

[1] 宋运来.影响教师一生的100个好习惯[M].南京:江苏人民出版社,2008.

续表

习惯	内容
教学习惯篇：成为有魅力的教师	22.创新,教出个性 23.坚持个性化备课 24.不可忽视课前准备 25.养成"问课"的习惯 26.拥有教学的勇气 27.重视目标性教学 28.细化你的课堂 29.提前三分钟进教室 30.面带微笑进教室 31.上课要有激情 32.走下讲台,到学生中去 33.课堂多预设些"问题" 34.课堂上,警惕隐性霸权 35.追求课堂的简约 36.锤炼你的课堂语言	37.不可小看教学语调 38.丰富你的表情 39.幽默是一种魅力 40.要有自己的课堂文化 41.鼓励学生多提问题 42.课堂不妨适当"留白" 43.善待发言错误的学生 44.尽量不当众批评学生 45.要形成自己的教学风格 46.上课决不"拖堂" 47.作业是一定要布置的 48.让学生在作业中享受乐趣 49.经常梳理你的课堂 50.每天,让课堂改变一点点
学习习惯篇：做一个完善的人	51.有颗成为名师的心 52.听课要学会"品"课 53.让自己"现代"起来 54.精彩人生需笔耕 55.成为博客一族 56.向周围人学习 57.做一个善于思考的人	58.习惯"研究"自己 59.参与到课题研究中去 60.读书要"品"书 61."嫉妒"是一种进步 62.练好"三字一话" 63.教师,不妨跨学科听课
生活习惯篇：做一个充满情趣的人	64.读书,是教师的一种生活 65.要有良好的心态 66.健康,是人生最宝贵的财富 67.为生活创造快乐 68.幸福是一种感觉 69.认识你自己,做自己的心理医生 70.教师应该有"静"功 71.管理好你的时间	72.善待他人 73.发现别人的优点 74.帮助别人是一种快乐 75.从小事做起 76.有颗感恩的心 77.今日事今日毕 78.家庭和工作一样重要 79.有自己的精神空间
行为习惯篇：做一个有品位的人	80.精神饱满地投入每一天 81.学会倾听自己 82.善于发现自己 83.着装要有时代感 84.不求最好但求更好	85.语言要有亲和力 86.培养观察力 87.学会倾听 88.教师,要有"约束感" 89.要求学生做到的,自己要先做到

续表

习惯	内容	
行为习惯篇：做一个有品位的人	90.微笑是最美的语言 91.注重自己的仪表 92.敢于认错是一种美德 93.切记,要遵守承诺 94.学会尊重 95.教育,就是一种服务	96.说话要"真""实" 97.学会规划自己 98.学会真诚地赞美 99.真诚地帮助同事 100.清理好自己的办公桌

要养成100个好习惯需要一个漫长的过程,但你可以试着给自己做一个简单的规划,朝着自己的目标慢慢努力。来吧,先圈出你想养成的好习惯,再想想用哪些措施来实现。带着你的热情,完成下面这个表格。

我的第一年

	目标	措施
教育习惯		
教学习惯		
学习习惯		
生活习惯		
行为习惯		

好书推荐

《教师职业生涯规划与发展》

杜秀芳/主编　华东师范大学出版社

推荐理由:三尺讲台通往哪里？我将成为怎样的教师？俗话说:"凡事预则立,不预则废。"教师职业生涯规划有助于教师认清自己人生与事业的目标,看到自身的发展前景。本书层层剥开教师职业生涯规划的面纱,以加快教师专业成长、提升教师职业竞争力为出发点,帮助教师科学认识自我,掌握职业生涯规划的方法,合理规划自己的职业生涯,最大限度地挖掘自身潜能,从而实现个人专业发展。

以好老师的标准要求自己

> "时代楷模"张桂梅是新时代好老师的典范。她扎根边疆教育一线40余年,默默耕耘,无私奉献。为了改变贫困地区女孩失学、辍学的现状,在党和政府以及社会各界的帮助下,她推动创办了一所免费招收贫困女生的高中。这所高中2008年建校以来已帮助1800多位女孩走出大山,走进大学。她用知识改变贫困山区女孩的命运,用教育阻断贫困的代际传递;她教书育人、立德树人,引导学生从小树立远大志向,倡导女性自尊、自信、自立、自强,注重言传身教,传承红色基因,让"听党话、感党恩、跟党走"成为广大学生的自觉追求;她坚韧纯粹、甘当人梯,用爱心和智慧点亮万千乡村女孩的人生梦想,展现了当代人民教师的高尚师德和责任担当,被孩子们亲切地称为"张妈妈"。新时代,我们呼吁更多像张桂梅一样的好老师,让教育之花开遍祖国的大江南北。

教师是人类灵魂的工程师,是人类文明的传承者。广大教师贯彻党的教育方针,教书育人,呕心沥血,默默奉献,为国家发展和民族复兴作出了重大贡献。新时代对广大教师落实立德树人根本任务提出了新的更高要求:进一步增强教师的责任感、使命感、荣誉感,规范职业行为,努力成为好老师,着力培养德智体美劳全面发展的社会主义建设者和接班人。新教师在入职之初,就应该全面了解好老师的标准,以此严格要求自己。

◆ **新时期合格教师的角色定位和基本方向——"四个引路人"**

2016年9月9日,习近平总书记到北京市八一学校看望慰问师生并发表重要讲话:"广大教师要做学生锤炼品格的引路人,做学生学习知识的引路人,做学生创新思维的引路人,做学生奉献祖国的引路人。"

◆ **新时代师德师风建设的四个基本要求——"四个相统一"**

2016年12月,习近平总书记在全国高校思想政治工作会议上提出:"要加强师德师风建设,坚持教书和育人相统一,坚持言传和身教相统一,坚持潜心问道和关注社会相统一,坚持学术自由和学术规范相统一。引导广大教师以德立身、以德立学、以德施教。"

◆ **"四有"好老师标准**

2014年9月9日,在第三十个教师节来临之际,习近平总书记来到北京师范大学看望教师学生,观摩课堂教学,进行座谈交流。他说,一个人遇到好老师是人生的幸运,一个学校拥有好老师是学校的光荣,一个民族源源不断涌现出一批又一批好老师则是民族的希望。习近平总书记号召全国广大教师做"四有"好老师。

◎ 有理想信念。一个优秀的老师,应该是"经师"和"人师"的统一,既要精于"授业""解惑",更要以"传道"为责任和使命。好老师心中要有国家和民族,要明确意识到肩负的国家使命和社会责任。

◎ 有道德情操。老师对学生的影响,离不开老师的学识和能力,更离不开老师为人处世、于国于民、于公于私所持的价值观。一个老师如果在是非、曲直、善恶、义利、得失等方面老出问题,怎么能担起立德树人的责任?广大教师必须率先垂范、以身作则,引导和帮助学生把握好人生方向,特别是引导和帮助青少年学生扣好人生的第一颗扣子。好老师应该执着于教书育人。

◎ 有扎实学识。扎实的知识功底、过硬的教学能力、勤勉的教学态度、科学的教学方法是老师的基本素质,其中知识是根本和基础。过去讲,要给学生一碗水,教师要有一桶水。现在看,这个要求已经不够了,应该要有源头活水。

◎ 有仁爱之心。好老师应该是仁师,没有爱心的人不可能成为好老师。好老师不是天生的,而是在教学管理实践中、在教育改革发展中锻炼成长起来的。习近平总书记希望每个教师都能成为符合党和人民要求、学生喜欢和敬佩的好老师,希望每个学生都能遇到好老师。

做一名好老师,不但要明确老师的角色定位和好老师的标准,更要做到依法执教,从教行为讲规范。所以,在阅读业务书籍之外,《中华人民共和国教育法》

《中小学教育惩戒规则(试行)》《中小学教师职业道德规范》《新时代中小学教师职业行为十项准则》《新时代幼儿园教师职业行为十项准则》以及与教育有关的政策文件等，都应该成为新教师的案头读物，并牢记于心、外化于行。

好书推荐

《做中国立德树人好教师》

成尚荣/著　华东师范大学出版社

推荐理由：教师需要种子，这种子是理想、信念、抱负、志向，是核心价值观，它决定着你将成为什么样的人；教师是颗种子，他是终身学习者，是自我教育者，锤炼正确的价值观，又将种子播撒到孩子心中——这就是"好教师"。

第二章
展望教育生活

　　8月,离开学的日子越来越近了,你心中的期许也会越发强烈。你一定怀揣着属于你的教育梦,幻想着站在三尺讲台上的样子。展望入职生活,你可以在本章中先了解一下这些问题:新时期教师有哪些新角色?开学前要做好哪些准备?有哪些必须了解的教学细节?如何给学生留下美好的第一印象?这些都可以帮助你做好入职准备。

新时期教师的新角色

> 儿时,小A立志当一名教书育人的老师。去年,他终于如愿以偿。一年来,他感受到了教师的清苦,也品尝到了教学进步的喜悦;体会到了教师工作的责任,体察到了社会、家长对教师的期许,也对新时期的教师角色有了新的体悟。他曾经按照自己学生时代的教师形象去教书育人,发现现在的学生不喜欢一板一眼的教师,不喜欢用权威施压的教师,不喜欢照本宣科的教师……他在苦苦摸索新时期教师的角色定位,希望自己能成为学生喜欢的模样!

随着时代的发展,教师角色正在悄然转变。作为新教师,尽早了解这些角色变化,便于在教学中扮演好自己的角色,帮助自己快速成长。新时期教师正转向哪些新角色呢?

◆ **角色之一:平等的对话者**

教师不应该以"知识的权威"自居。学校鼓励专家型教师,但我们不能以专家的高度去要求学生,要有甘当小学生的勇气,与学生建立一种平等的师生关系,与学生共建课堂,与学生一起学习、一起快乐、一起分享、一起成长,让学生感受到学习是一种平等的对话,是一种生命的呼唤,是一种激情的点燃。

◆ **角色之二:真实学情的发现者**

一是发现亮点。教师一定要善于发现和总结课堂生成的亮点,利用亮点进行知识拓展、思维拓展、思想和情感拓展。

二是发现难点。难点不是事先完全能够预设的,你认为的难点也许在课堂上学生很容易就解决了,真正的难点必须来自课堂上的学情调查。

三是发现疑点。教师一定要在课堂上发现学生容易出错的地方或思维的创新点,并利用这样的时机引导学生深入探究。

四是发现切入点。教师要从每一节课的学情调查中发现和掌握不同层次的学生对知识掌握的程度,为教学提供切入点。

◆ **角色之三:学习的促进者**

教师要成为学生学习的促进者,要变"牵着学生走"为"推着学生走",要变"给学生压力"为"给学生动力",用鞭策、激励、赏识等手段促进学生主动发展。[1]

◆ **角色之四:灵魂的铸造者**

长期以来,人们把教师比作"人类灵魂的工程师"。其实,教师不应该做学生灵魂的设计者,而应该做学生灵魂的铸造者、净化者。教师要成为学生"心智的激励唤醒者"而不是"灵魂的预设者",要成为学生的"精神教练"。

◆ **角色之五:信息的交换者**

在传统观念中,教师是学生取之不尽的"知识源泉"。在传统教学过程中,缺乏师生互动,更缺乏生生互动。新时代的教师,不仅要输出信息,而且要交换信息,更要接受学生输出的信息。教师要促成课堂中信息的双向或多向交流,要成为课堂中信息交换的平台。

◆ **角色之六:问题的应战者**

新的课堂中,不能仅仅是教师向学生提出一系列问题,让学生解决问题。它要求教师引导学生自己去发现问题、提出问题,提出问题比解决问题更重要。学生向教师提出问题,便是对教师的挑战。开放的课堂中,教师随时可能要接受学生的挑战,成为应战者。

◆ **角色之七:人生的引领者**

"园丁"是令人尊敬的,但"园丁"又是令人遗憾的,因为园丁把花木视作"另类生命"。园丁在给花木浇水、施肥的同时,还要给它们修枝、造型,他们按照自己的审美标准把花木塑造出来供人们欣赏。在园丁看来,不合自己情趣的"歪枝""残枝"是可以"判死刑"的,他们可以随意"修剪",培育出以曲为美的"病梅"。不希望你当园丁,愿你成为传道、授业、解惑之人,成为学生人生的引领者。

---

[1] 吴敏.从陶行知教育思想看幼儿教师在新课改中的角色转变[J].小学科学(教师版),2004(10).

好书推荐

《教育的理想与信念》

肖川/著　岳麓书社

推荐理由:《教育的理想与信念》是作者历时10年写就的一本教育随笔。本书中收录的60多篇文章,涉及教育学众多的重要领域和主题,包括教育的真义、教育的价值、教育与社会、教育与生活、课程与教学、道德教育、师生关系、教师的学习与成长等。它力图用感性的文字表达理性的思考,用诗意的语言描绘多彩的教育世界,以真挚的情感讴歌人类之爱,以满腔的热情高扬教育的理想与信念。本书的独特之处在于:对教育世界中那些司空见惯、习以为常的现象,给予学理上的阐释,并发掘其中的文化内涵与精神底蕴,从而收到以小见大、见微知著、洞幽察微的效果。

开学前要做好哪些准备

> 接到入职通知,小Z老师激动不已,但激动之后便陷入了慌乱与迷茫之中。因为入职学校的领导告诉他,开学之后,除了要上语文课,还要当班主任,让他做好准备。小Z老师一头雾水,不知道该从何入手……

马上就要开学了,刚踏出校门的你将走上三尺讲台,开启自己的执教生涯,或许你也会面临小Z老师的状况。

第一节课应该怎么上?学生不听话怎么办?课上抓不住教学重难点怎么办?备课时需要注意些什么?……一系列的问题或许会成为你的困扰。别着急,这里给大家提供一些建议,希望能够帮助到你。

◆ **做好思想准备**

做好思想上的准备,要找准自己的定位,对未来的工作有一个清醒的认识,这一点尤为重要。请记住以下几点:

◎ 珍惜自己的第一份工作,不适应的时候,千万别气馁,熬过工作适应期,在"熬"中成长、成熟。

◎ 顺利实现角色转换,尽快适应学校工作节奏,恰当定位工作预期。

◎ 做学生的时候在学校学习的多是理论知识,做教师后需要注意将理论与实践相结合。

◆ **做好形象管理**

◎ 着装。教师职业着装以素雅为主,如常见的黑、白、灰、裸色等,根据自己的肤色选择颜色,建议不要穿得花花绿绿。体育老师上课时一定要穿运动装。

◎ 头发。一是保持清洁,勤洗头,注意观察是否有头屑,及时清洗和打理,让头发保持一种健康状态。二是发型,结合自己的气质、脸型、身材、性格特点、职业特点等,选择一种适合自己的发型。切忌头发色彩和造型过于夸张、张扬,男老师以短发为宜。女老师如果头发太长，则需要特别注意，在和学生交流时，不要让头发触及他们。染发切忌色彩太鲜艳，容易给人轻浮之感，和老师的身份不相宜。

◎ 鞋子。鞋子是最看得出一个人的品位的物品。作为一名老师，鞋子的选择也是有讲究的，除体育老师以外，其他老师的鞋子一般都以皮鞋为主，夏季凉鞋，偶有休闲鞋。鞋子的颜色应与下装颜色一致或再深一些，这样可以使人显得高一些。鞋子颜色以中性色彩，如黑色、藏青色、暗红色、灰色或灰褐色等为宜。

◎ 配饰。巧妙地佩戴饰品能起到画龙点睛的作用，特别是会给女老师们增色不少。佩戴饰品不宜过多，否则会分散学生听课时的注意力。佩戴的饰品尽量选择同色系，与你的整体服饰搭配统一起来。另外，不要文身，不要烈焰红唇，不要佩戴过大的耳环，不要佩戴过分夸张的手链、项链、戒指等。

◆ 准备好开学第一课

新教师首先要通过自我介绍，有一个漂亮出彩的亮相。然后，要介绍你对所教授学科的认识、本学科的学习方法，以及本学期的学习内容、教学目标、教学计划等。上好开学第一课，心态、氛围、语气都很重要。下面列举一些富有特色的开学第一课供大家参考。

◎ 高颜值的开学第一课。老师可以布置好新学期的教室，让教室在外观上有一个大变样！比如，设计一个金秋硕果或者班级家园的主题，利用一些你找得到的海报、折纸、小饰品等来表现，当然也可以寻求美术老师等设计达人的帮助，提前把教室装扮起来并保密。

◎ 充满互动分享的开学第一课。调查显示，有40%的老师，开学第一课会选择让学生唱主角，组织学生围绕暑假生活见闻、阅读情况和新学期的计划等展开讨论。这既锻炼了学生的口才，又总结分享了假期的生活，不仅增进了学生之间的了解，还营造了轻松的开学氛围，一举多得。

◎ 以"劳动"为主题的开学第一课。一些老师会选择让学生进行大扫除等劳动课，让新学期从新环境开始。有的老师会准备一堂手工制作课，让学生亲自动手操作，让新学期在动手中开启。

◎ 富有正能量的开学第一课。很多教师在开学第一课会围绕新学期的计划、学生安全、学习方法等开展主题班会、主题讲座，或者播放一些充满正能量的视频，如《开学第一课》、国内外大学开学典礼演讲、TED励志演讲等，让学生从内心深处受到感染，从而进入学习状态。

◎ 轻松的开学第一课。游戏和运动也是开学第一课的一种选择。通过精心设计的游戏和运动，寓教于乐，让学生在不知不觉中进入学习状态。比如，开展"动起来，迎开学"趣味运动会，通过跳绳、转呼啦圈、跳袋鼠、运球、螃蟹背西瓜、拔河等，让学生轻松运动起来，健康快乐迎接新学期的到来。

开学第一课很重要，尤其是新教师，为了给自己加分，赶紧准备起来吧！

好书推荐

《第56号教室的玄机——解读雷夫老师的教育艺术》

王晓春/著　教育科学出版社

推荐理由：《第56号教室的玄机——解读雷夫老师的教育艺术》集中了王晓春老师的70余篇读书笔记，是他对《第56号教室的奇迹》《第56号教室的奇迹2》以及《第56号教室的故事——雷夫老师中国讲演录》三本书的精深解读。作者以其数十年积淀的丰富的一线教学及教育科研经验，为中国教师详细剖析了雷夫老师的教育艺术，并结合中国学校的实际情况和师生特点，提出了如何在中国学校移植雷夫经验的具体建议，对于将美国名师的经验本土化极具指导性。

建议在阅读本书前，先阅读《第56号教室的奇迹》《第56号教室的奇迹2》以及《第56号教室的故事——雷夫老师中国讲演录》，从中你会获得很多教育的灵感。

新教师应知的9个教学细节

> W是一位非师范专业毕业的老师。走上教学岗位后,最令他感到头疼的就是教学管理。课堂上,有时候学生懒散、死气沉沉,让他没有上课的欲望;有时候学生又非常活跃,让他无法控制;有时候他提出一个问题,无人回应,让他很沮丧……如何掌控课堂细节,将成为W老师的重修课。

细节决定成败,教学细节往往影响教学效果。作为一名新教师,做好每个细节,你的教学才能得以顺利开展。现在,不妨静下心来,认真了解9个教学细节,为你即将开启的教学生涯做好准备。

◆ 起立与坐下

起立与坐下既是教学的重要环节,也是让课堂具有仪式感不可或缺的一环。第一节课要对学生提出明确的要求并进行严格训练:起立时昂首挺胸,目视前方,双手下垂,两脚与肩同宽,不靠桌椅,不发出响声;坐下后头正、肩平、身直、足安、心静、入场(精神饱满、快速进入学习状态)。

◆ 利用黑板

合理用好黑板非常重要。这里给大家一些建议:板书字体大小适中,确保最后一排学生能看清;利用好黑板的上半部分,确保不被前排学生遮挡;在黑板上列出上课计划和课堂讨论的问题,让学生明确学习要求;教师板书之时,切忌讲课;尽量提供机会让学生将其讲话要点写在黑板上。特别告诫新教师:切忌用手擦黑板,既不卫生,又显露出教师缺乏整体安排。

◆ 举手方式

举右手是常用的提问或回答问题的方式,这样虽然规范,但教师获得的信息量少。不妨与学生作个约定:提出或回答与课堂有关的问题举右手,提出与课堂无关的问题(如上厕所、生病、与同学有矛盾等)举左手,还可与有特殊情况的学生约定其他手势。将学生举手方式赋予一定的含义,教师可以从中获得更丰富的信息反馈,并从容处置,让课堂焕发生机。

◆ 提问

高效的课堂提问是教师必须掌握的基本教学技能,新教师可以从下列视角开展课堂提问:

◎ 问题的表述要规范、严密、通俗易懂,不能让学生不知所云或产生歧义。

◎ 每节课要有主干问题,问题之间要相互关联,能串联起来,形成链状结构。

◎ 不能从原来的"满堂灌"演变成现在的"满堂问"。

◎ 提出问题后要至少留一分钟的候答时间,让学生有思考问题、梳理答案的时间。

◎ 避免先叫学生后提问,更不能将回答问题作为教育、体罚学生的手段。

◎ 课前、课中、课后提问各有侧重:课前激趣,课中引发深层次探究,课后总结梳理。

◎ 教师提问时应少采用直问,多用"曲问"、追问。

◎ 避免"是不是""对不对"或有现成答案的低级问题。

◎ 学生答问不能照课本念,要让学生学会自己组织语言,并且语言要规范。

◎ 学生答问卡壳或表述不清时,教师要加以引导、提示、总结。

◎ 课堂提问要坚持按潜能生先回答、中等生补充、优等生总结的顺序依次进行。

◎ 课堂结束后,要让学生带着问号走出教室。

◆ 发言

对待讨论,学生的表现有三类:

◎ 不愿发言。他们担心被提问,有意回避老师的目光,原因大多是他们对讨论的问题没有考虑成熟、没有形成自己的观点,因此最好不要请他们发言,否则不仅浪费了时间,还可能伤害他们的自尊心。

◎ 不主动要求发言。他们不看老师,也不回避老师的目光。这样的学生对讨论的问题有自己的看法,但没有表达的欲望,参与的积极性不高,但如果被老师请到,也能阐明自己的观点。这类学生,老师可以主动邀请他们作答,给他们回答问题的勇气。

◎ 主动要求发言。其中又有两种表现:一种是举手要求发言;另一种是不举手,抬头挺胸,眼睛看着老师以示要求发言。讨论时,请谁发言,要根据具体情况决定。

如果要鼓励更多的学生发言,提高学生参与的积极性,就请那些不主动发言者;如果想激起思想碰撞,把问题推向深入,就请那些从神色上看明显持不同意见者;如果想判断讲解的效果,可以选择中等层次的学生发言。

教师要用简洁的语言评价学生的发言,归纳其主要观点,使继续进行的讨论具有针对性。评价归纳时,教师应有意识地启发引导,组织好自己的语言。倾听,要认真且有耐心。

◆ 候课与拖堂

候课时可以做下面这些事情:

◎ 心中像过电影那样快速梳理教学设计流程,这样可以使课堂教学更加从容自若;

◎ 酝酿感情,以便能快速进入本节课特定的感情氛围中;

◎ 拉近与学生的距离,同时让学生快速进入学习状态。

拖堂有四大弊病,没有学生喜欢拖堂的老师:

◎ 上节课拖堂,学生没能及时放松,没有时间准备下一节课,会影响下一节课的教学质量。经常如此,没人愿意跟你教同一个班级。拖堂还会让学生养成拖沓的坏习惯。

◎ 拖堂做的是无用功。下课铃声已响,学生的心已经跑到教室外面去了,多数讲解是无效的。

◎ 若是多数学生有疑问,可以放到下一节课中去解决;若是个别学生有疑问,可以课下辅导,拖堂会影响学生身体健康。

◎ 拖堂耽误学生去洗手间的时间,学生会极为反感。

◆ 辅导

辅导学生是教师必须做的事情,但是如何让辅导更有效,你需要了解课前辅导和课后辅导这两种方式的特点。

放学后留一些后进生进行辅导是让他们很失自尊的事,而且容易给他们负面的暗示:我是差生,我学不会,我需要单独辅导。

变课后辅导为课前辅导,或许我们可以这样做:放学后当着全体学生的面,以到办公室帮老师一个忙为由请部分后进生留下。到办公室后再真诚地对他们说:"老师为了准备明天的课,需要请你们帮一下忙,看我的哪些教学设计得不合理、哪些讲得不清楚?"旨在让学生产生一种"我在帮助老师备课而不是老师又逼我补课"的积极心态。

◆ 评价

不要让掌声变得廉价和泛滥,引导学生用心灵鼓掌。对学生的评价应遵循如下原则:

◎ 符合学生的最近利益;

◎ 鼓励学生自我激励,不限制指标;

◎ 奖励时间从短到长,奖励的标准逐步提高;

◎ 及时兑现,不骗学生。

◆ 处理课堂上的违纪行为

新教师因不当处理课堂上的违纪行为,造成完不成教学任务或与学生产生敌对情绪甚至造成教学事故的情况屡见不鲜。课堂上出现的问题要在自己的掌控范围之内,要以最小的"代价"获取最大的效益。眼睛瞪一下能解决的问题就不要说话,能用一句话解决的问题就不要说第二句,说话能解决的问题就不要让学生站起来,站起来能解决的问题就不要让学生离开座位到教室前面或后面去,自己能解决的问题就不要让班主任或学校领导来处理……

好书推荐

《从实习教师到优秀教师》

[英]麦克·格尔森/著　窦钰婷,刘白玉/译

中国青年出版社

推荐理由:教学是一件了不起的工作,富有意义,充满趣味。同时,教学也充满挑战,它困难重重,但是一旦掌握其中的诀窍又令人心满意足。本书介绍的思想能够激发教师思考,指引教师成长;本书提出的课堂策略很实用,可操作性强,将帮助教师迅速提升职业水平。

本书涵盖的主题包括定义自己的教师身份和专业、了解学生、设计课程、保持课程节奏和挑战、与学生沟通、创造学习环境等。每一章都附带一系列反思性问题和活动,旨在帮助实习教师丰富经历和总结经验。在本书中,实习教师将找到许多可以与学生一起尝试的实用想法、策略、提示、技巧和窍门。总而言之,本书的目标就是帮助实习教师成为一名优秀的教师,继而向卓越教师迈进。

请留好第一印象

> 心理学研究表明，人与人见面后45秒就会产生印象。这个印象可以是好感，也可以是厌恶感，还可以是没什么感觉。《三国演义》中凤雏庞统当初准备效力东吴，于是去面见孙权。孙权见庞统相貌丑陋，心中先有几分不喜，又见他傲慢不羁，更觉不快。最后，这位广招人才的孙仲谋竟把与诸葛亮齐名的奇才庞统拒于门外，尽管鲁肃苦言相劝也无济于事。众所周知，礼节、相貌与才华并无必然联系，但是礼贤下士的孙权尚不能避免这种偏见，可见第一印象的影响之大。

在人与人首次交往中，第一印象产生"首因效应""光环效应"。教师在教育教学的序曲中奏响的第一个音符，给学生留下的第一印象至关重要。如果留下好的第一印象，学生会很快接受你，甚至对你产生崇拜感。反之，如果留下不好的印象，后面做再多工作可能都无法改变学生对你的固有印象。所以，新教师需要给学生留好第一印象。

◆ 把握好第一次见面

教师与学生第一次见面，要事先做好充分准备，不仅要注意教师应有的风度、形象，更要表现出对学生的热情、关心和体贴，与学生建立情感上的联系，力求一开始就给学生提供最佳信息，留给学生亲切、和蔼、关心和喜欢他们的良好印象。

◆ 上好第一堂课

第一次讲课，也是教师教学水平的第一次亮相，注意要让学生在听课时感到新颖、生动，能突出重点、化解难点；要善于运用启发式，具有趣味性，并注意语言的表达艺术，力求留给学生热心教学、知识渊博、有高超的教学艺术的良好印象。当然，每一节课都有"第一印象"的问题，怎样引入新课，用什么方法激起学生学习新课的欲望，都是教师应当精心设计、巧妙构思的。

◆ 批改好第一次作业

　　学生对教师的第一次作业批改,往往极为重视,印象也十分深刻。因此,教师批改第一次作业时应特别认真、仔细,不仅评语要写得规范、漂亮,而且在批改内容上也不能马虎敷衍,还要讲究批改艺术。这样,教师便可以在一开始就留给学生"要求严格、一丝不苟"的良好印象。

◆ 处理好第一个事件

　　教师在处理学生的第一个事件时,要表现出高度的教育机智,特别是对突发意外情况要快速作出反应,采取恰当的措施,力求留给学生沉着稳重、思维敏捷、公道正派、办法高超、善于机智处事的良好印象。

◆ 组织好第一个活动

　　第一次课外活动、第一次班会、第一次参观访问或其他第一次社会实践活动,留给学生的印象是深刻的,所以,教师要精心安排和周密组织,要表现出较高的素质修养和组织才能,力求留给学生思想水平高、组织才能强、活动能力佳、工作方法优的良好印象。

◆ 设计好第一次讲话

　　第一次全班讲话,语气要平静坚定,满怀信心与激情,能调动学生自立、自强、自主的精神。讲话要做到语言精练、风趣幽默、形象生动、激励性强,力求使每个学生听后都受到鼓舞。须知,每次讲话也都有个"第一句话"问题,第一句话说得新奇、幽默、具有吸引力,也会给学生留下良好的第一印象。

◆ 做好第一次谈心

　　与学生第一次单独谈话,事先要考虑周到。与优秀学生谈话时,除恰如其分地肯定优点、长处外,还要热情、诚恳,并准确地指出其美中不足,鼓励其全面发展,并促使其发挥骨干带头作用,给他们留下关心学生,并能严格要求的深刻印象;与后进学生谈话时,更要讲究教育艺术,因为他们往往有强烈的防范心理,很在意教师流露出的某种看法,喜欢揣度教师对他们所持的态度,所以要给他们留下真诚、热情、关怀、体贴的良好印象。

资料宝库

给教育者启发的管理学和心理学定理与效应

◎ **乔治定理**：有效培训的秘诀在于激励。对于学生而言也是一样，只有每一小步都受到鼓励，他们才敢于尝试，迈出更大的步子。

◎ **首因效应**：指双方最初接触所形成的第一印象对以后交往的影响，即先入为主带来的效果。教师第一次见学生应该争取给他们留下好印象，但不要让学生留给你的第一印象影响你对他们的整体判断。

◎ **皮格马利翁效应**：也称"期待效应""罗森塔尔效应"，你期望什么，就容易得到什么。教师对学生的期待值越高，学生的表现就会越好。

第三章
开启职业生涯

9月,你的教师生涯正式开启,你将面临很多困难和挑战,比如:第一天的紧张,面对学生叫不出名字的尴尬,第一周杂乱无章的忙碌,为学生编排座位的烦恼,等等。别担心,这一章将会为你解决上面的困扰,帮助你轻松开启教育之门。

克服第一天的紧张

> 一位男老师回顾自己第一天上班的情形：站上讲台，眼睛不敢与学生对视，感觉学生的目光就像一把把利剑，让他双腿发颤。为了缓解紧张情绪，他只能双手撑着桌子，全程低头看书本，内心的窘迫无以言表。他说："那一天，我都不知道是怎么度过的，时而感觉手心冒汗，时而又觉得手脚冰凉。这种煎熬的状态持续了整整一天。"

上班第一天，紧张是正常的。就算是训练有素的专业人士，到新的职场也会感到紧张。面对这种紧张不安的状态，有许多事情可以做，下面10条建议应该能够帮助到你。

◆ **不逃避，接受开学第一天会感到紧张或兴奋的事实**

紧张是过度焦虑所致，接受事实，给自己积极的心理暗示，增强自信，就可以缓解紧张情绪。

◆ **开学前做好充分的准备**

如果按照前一章的建议，开学前就做好了充分的准备，一切都不过是按照你的计划执行而已，就没有什么好紧张的了。

◆ **开学前一晚，再次熟悉学生的名字**

准确念出学生的名字，能得到学生的信赖，甚至崇拜，学生信服的眼神一定会消解你紧张不安的情绪。

◆ **适宜装扮，增强你的自信**

不少学生是颜值控，他们会很在意老师的穿衣打扮，老师装扮得体漂亮，有利于"俘获"学生的心。

◆ **保持微笑**

微笑是世界上最美丽的语言，也最具有"杀伤力"，没有学生愿意激怒时刻带着笑容的你。时刻保持微笑，紧张如何近身？

◆ 与学生拍一张合照,为学生也为自己留下开学记忆

通过拍照,拉近师生的距离,这是优秀班主任开学第一天的"标配"。有了拍照环节,也许你早已忘记紧张是什么了。

◆ 向学生做个生动活泼的自我介绍

幽默且多样化的自我介绍能让教室充满欢声笑语,你的紧张情绪自然荡然无存。与其紧张害怕,不如好好想想如何让你的语言幽默、多样吧!

◆ 让学生告诉你"如何让班级变得更美好"

分发一些小纸条给学生(三年级以上),让他们告诉你"如何让班级变得更美好"。收回小纸条,你一定会有惊喜:原来他们都是你的同盟军。

◆ 让学生讲述"心目中的好老师"

让学生讲述他们心目中好老师的样子,以此作为你努力的方向。只有变成学生喜欢的样子,才能教育引导他们。亲其师,才能信其道。

◆ 请学生告诉你他们第一天的收获

结束第一天的教学时,请学生写一张小纸条,告诉你他们的收获。你可以从小纸条中寻找自己的成功之处,并反思自己的不足。一张小纸条,意义非凡,赶紧做吧!

充实的第一天结束了,做个记录,一定很有意思哦!

好书推荐

《从课堂到课程:教师专业成长12讲》

张祖庆/著 中国人民大学出版社

推荐理由:本书是知名特级教师张祖庆的网络研修课程"从骨干教师到卓越教师"和"创新型教师12堂必修课"的精选集。上万名一线教师在听完网络课程后开启了专业成长之旅,收获了成长的喜悦。作者精选网络课程中备受好评的12讲内容结集成书,以解答困扰很多一线教师的3个问题:教师如何获得专业成长?怎样才能上出有创意的好课?怎样开发自己的特色课程?在本书中,作者讲述了自己30多年的专业成长经历,结合多位教师的成长故事,提炼出教师专业成长的底层逻辑和路线图;展示了自己的10多个课堂教学案例,指引教师有创意地备课、上课;提供了自己开发的阅读课程、创意写作课程、电影课程等10多个课程案例,从课程的萌芽、开发升级到成果转化,清晰地解析了教师做课程的全过程。

快速记住学生的名字

> 斯霞老师是我国著名教育家、一代师表。她将毕生精力都献给了教育事业，以"童心""母爱"教育思想著称于教育界，曾获得"杰出的教育实践家""伟大的教育艺术家"等称号。斯霞老师惊人的记忆力一直保持到90多岁。在91岁高龄时，她面对教过的学生都能叫出名字。斯霞老师为什么能记起每个学生呢？据了解，她在任教期间对她的每一个学生都十分了解，都要逐一进行家访。尤其在每次教一年级时，学生们还没来报到之前，斯霞老师就会拿着学生的名单逐一家访，了解学生们的个性特点、爱好特长等。斯霞老师在开学见到学生们时，能很快叫出每一位学生的名字。看着眼前这位和蔼可亲的老师对自己那么熟悉，学生眼中流露出来的总是惊讶与信任，对她格外亲近，她也因此深受学生敬仰和爱戴。

美国政治家吉姆·法利说："记住人家的名字，而且很轻易地叫出来，等于给别人一个巧妙而有效的赞美。"

名字最初作为一个人的专用标志的时候，只是用来区别一个人与其他人的一种语言符号而已。但是，从你与这个特殊符号建立关系开始，你就已经和它成为一个亲密的整体。它因你而有了生命，你也因它而成为这个世界上独特的个体。

你一定有过这样的经历：当你的名字在某个场合被点出来表扬的时候，你一定会心花怒放、热血沸腾。当你的名字在某个场合被点出来批评的时候，你一定会面红耳赤、忐忑不安、如坐针毡。因为这几个字符已经成为你生命中最重要的一部分。

尽快认识你的学生是你要面对的一项重要任务。怎样才能快速记住每一个学生的名字呢？分享一些方法给你。

◆ 做一个漂亮的座牌

让学生做一个漂亮的座牌放在自己的座位上，座牌上的名字要醒目大气，名字的周围可以根据学生的喜好做一些装饰，这样你就可以更快地将他们的名字和脸孔一一对应起来。这不但方便你认识学生,同时也锻炼了学生的动手能力,从中你会发现他们的很多特长和优点。

◆ **做一些特殊的记号**

在你的学生花名册上做一些记号,帮助你熟悉他们。比如:你可以在一位学生的名字旁边写上"高个儿""马尾""大笑"等能表示其特征的词语。当你需要回忆名字与人的样子的时候,就可以获得一些线索,让你很快地记住学生的名字。

◆ **玩一次名字游戏**

你可以和学生做名字游戏,比如:让学生快速讲出每一位同学的姓名而不能停下来思考,可以为第一个完成任务的学生颁发一个小奖品。

◆ **拍一张形象照片**

给你的学生拍一张形象照片,并张贴在班级文化墙上,同时让学生写上自己的座右铭或是介绍自己梦想的语句等。

◆ **贴一张座次表**

按照教室的座位布局画一张座次表,贴在讲台上,方便随时点名,同时也有助于你后面调整座位。

或许你还有更多的技巧来记住学生的名字,总之,要想深受学生喜爱,就要做一个有心人。教学生涯的开启,从记住学生的名字开始吧!

好书推荐

《教育的温度》

林格/著　清华大学出版社

推荐理由:本书是散文性教育理论专著,作者把教育提升到一种"道"的高度来认识,对教育多了一份人文的深思。作者认为,以人性为出发点的教育理念,才是有温度的,这样的教育能滋养人的心灵,唤醒人的觉悟。说到底,人才是教育的重点和核心。该书内容深刻,语言颇具意蕴,是一本宜置于案头的书,时时翻阅,慢慢回味,都会有新的领悟,可以不断深化我们的思想。阅读此书,不仅可以让浮躁的内心安静下来,也可以让我们的思维更加灵动,从而唤醒生命中的进取激情,引领我们走向更美好的教育,成就更美好的人生。

帮助你轻松度过第一周

> 刚工作满一年的一位老师回味开学第一周时说:"每天都像打仗一样,忙完白天忙晚上,一直忙到凌晨一两点,第二天五点多又起床了。忙碌和焦虑充斥着每一天,没有闲时,甚至忘了吃饭。结束一天的工作,感到特别崩溃……"

开学第一周的确是最繁忙的一周,因为对环境不熟悉,如果没有准备,手忙脚乱是难免的。

特别能理解新教师刚入职时这样的状态,因为每个老师都是从这样的忙乱中走过来的。我们如今能从容地处理各种事务,坦然面对种种压力,都是时间沉淀的结果。将来,你也可以。但是,为了不让你和案例中的老师一样,下面为即将走上讲台的你提一些小小的建议,希望这些建议能帮助你轻松地度过第一周。

◆ **提前了解,胸有成竹**

第一周通常会有哪些工作呢?整理办公室、组织开学工作例会、打扫教室、布置教室、制作欢迎学生返校的标语或ppt、迎接学生报到注册、检查假期作业、上交一周或两周的教案、上开学第一课、给学生发放书本、举行开学典礼、为学生编排位置、选班委、组织第一次主题班会、上交各种材料……

这些只是大多数学校开学第一周的常规工作,根据不同学校的情况,还会有很多不一样的要求。第一周,新教师可能还会上交各种入职资料等,可能你会在学校的各个处室、各个楼层穿梭,面对陌生的人、陌生的环境,特别疲惫。

以上这些是不是吓着你了?别着急,让你了解,就是让你提前有个心理准备,到时候不至于慌乱。

◆ **分类梳理,谋定后动**

俗话说:"预则立,不预则废。"开学前,学校一般都会给老师发放工作清单,如果没有,在开学工作例会上也会逐一布置任务。

建议你准备一个工作笔记本,最好是带日历的那种,便于记事备忘。将学校开学第一周的工作梳理在笔记本上,根据个人的习惯,可以按照时间的先后顺序一条一条地列出来,也可以按照事情的轻重缓急来罗列。然后预估一下每件事需要花多长时间,每件事是否都需要自己亲自去做,有的事情是不是可以安排学生去完成,哪些事情是可以同步进行的……这样分类梳理后,你就可以做到心中有数,依次去落实。

规划得越好,你的工作效率就会越高,你也会发现开学第一周就越成功,这种体验对你今后的发展会有很大的影响。

◆ 建章立制,规矩先行

良好的开端是成功的一半。开学第一周,是班风班纪形成的关键时期。学生会在暗地里察言观色,试探新教师的风格和底线。我们要利用这一周的时间细心观察学生,多方了解学生,物色班干部,对调皮的、性格内向的等各类学生做到了然于胸。具体应该做些什么呢?

◎ 尽快记住班上每个学生的姓名;

◎ 为每位学生安排一个合适的位置;

◎ 和学生一起制订课堂规则和班规班纪,并进行反复强化;

◎ 制订好值日表;

◎ 收集学生信息;

◎ 帮助学生适应新规则、新程序和新环境;

◎ 确保所有学生都有上课所需的学习用品;

◎ 在每一节课中加入一些激发学生学习动机的策略,使你的学生更愿意学习;

◎ 接近每一位学生,让每一位学生都感到你喜欢他、重视他,建立良好的师生关系;

◎ 如果你有心,可以给家长写一封信,介绍一下自己,并让家长了解你本学期的一些打算和设想,尽可能取得家长的信任和支持。

资料宝库

蜕皮效应和金蝉定律

◎ **蜕皮效应**:许多节肢动物和爬行动物,生长期间旧的表皮脱落,由新长出的表皮来代替,通常每蜕皮一次就长大一些。能不断超越,才有希望做最好的自己。

◎ **金蝉定律**:蝉,要先在地下暗无天日地生活3年(美国有一种蝉要在地下生活17年),忍受各种寂寞和孤独,依靠树根的汁液一点点长大,然后在夏季的一个夜晚,悄悄地爬到树枝上,一夜之间蜕变成知了,这就是淡定和坚守后的结果。

编排座位的小策略

> 班级排座位,这可能是令许多班主任都非常头疼的事。Z老师谈到这几年当班主任的经历,最让他绞尽脑汁的就是编排座位。他不断尝试编排座位的方法,最后他总结出:编排座位有方法,但无定法,不同的班级、不同的学生要用不同的方法。去年,他接手七年级,从开学到现在已经尝试了四五种编排座位的方法,每次都费尽心思:怎样合理编排?怎样去激发、调动学生上课的积极性?……他说这真的是一种技术活。

学生座位编排是班级管理工作中一项看似平常却很有讲究的工作,它关系到学生的学习情绪、纪律状况和课堂气氛,许多学生和家长对此极其敏感和关注。班级座位编排妥当,不仅能显示出班主任的聪明才智和公正无私,而且能够营造班级内部团结协作、和谐共处的氛围,促进班级良好学习风气的形成。

◆ **座位面前,人人平等**

教师的天职是教书育人,教师是学生的榜样,教师的言行是影响学生发展的重要因素之一。为了体现公平、公正、公开的原则,在安排座位时,可以采用"动态座位"的策略。

让学生按高矮个站队排位(特殊需求特殊处理),再向大家郑重声明:"座位面前,人人平等。好位子人人有份!"中间一排与左右两排轮流换,一周一次或两周一次。学生定期调换,形成习惯。这样安排,既能满足学生及家长的需求,对学生的视力也有好处,更体现出班级管理的公平原则。

◆ **动静搭配,个性互补**

班上学生的性格特征、心理素质往往大相径庭,有的学生活泼好动,有的学生安静稳重,有的学生坦率热情,有的学生不善言辞……老师要先进行两三天的了解和观察,再编排学生座位,避免出现"动与动"的"强强联手",注重各种性格学生搭配在一起，让他们结成互帮的对子，做到动静结合、以静制动、用动牵静，让学生在学习上、交流合作中相互影响，促进个性互补、学习互助，从而形成一个有利于学生发展良好个性的氛围。

◆ 化整为零，控制管理

　　一些学生行为习惯较差，喜欢搞恶作剧，爱惹是非。对于这些学生，既不能设置特殊座位来进行惩罚，也不能将他们安排到教室边缘地带，更不能把这样的学生集中编排在某一个角落，必须化整为零，把他们安排在教师能随时有效控制的范围内，同时搭配学习成绩好、行为习惯好、自我控制能力强的学生来影响和带动他们。

◆ 照顾差异，优势互补

　　要打破传统的仅按个子高矮排位的格局，努力做到优势互补，为学生提供一个能够充分发挥优势的环境。例如：让勤奋踏实的学生与缺乏刻苦精神的学生为同桌，把学科上成绩差异较大的学生尽可能编排在一起，让他们形成"一帮一"对子，实现互补。

◆ 男女间隔，相互制约

　　教室内学生一般都是分组而坐的，所以，在安排座位时，不能整个组都是男生或者全是女生，一个组里也要男女间隔，合理安排。一般来说，男生比较好动，女生则相对文静，如果男生在课堂上开小差、搞小动作，很可能会受到女生善意的劝阻，不至于将影响扩大。

◆ 远近结合，定时变换

　　为了避免因长期近距离或远距离地面对黑板而影响视力的情况，在安排座位时，班主任要有意识地把原来近坐的学生调到远一些的位置，而原来远坐的学生则要换到近一些的地方，原来坐在右边的学生要换到左边，原来坐在左边的学生要换到右边。有的班级两周换一次座位，有的班级一个月换一次座位，根据班级实际情况而定，这样能很好地保护学生的视力，有益于学生的身心健康，也显示出班主任做事公平合理，不存在私心和偏爱。

◆ 干群搭配,合作学习

在编排小组时,还要有目的地安排班干部到各组中去。一般来说,班干部比较遵守纪律,学习自觉性强,有一定的责任心,关心班级,因此,把他们分配到各个小组,让他们在小组内起到模范带头的作用。

教室小天地,人生大课堂。教师在编排座位时应照顾到全体学生,让他们在教室这个小天地里学会与人沟通、与人合作、共同探索,让他们生活在一个阳光、自由、公平、公正的班集体中,身心两健,快乐成长。

资料宝库

座位轮换小技巧

为了让每位同学都有坐任何位置的机会,每周轮换座位的时候,不仅要左右轮换,还应前后轮换。如果是以个人为单位轮换,每周每人向右上轮换一个位置即可;如果要保持小组整体搬迁移动,可将整个小组视为一个单元,向右上挪动一个单元即可,同时小组内部也进行顺时针或前后左右的循环调整。

第四章
融入学校团队

10月,或许你已经慢慢从手忙脚乱中解脱出来,逐步适应教学生活了,这也意味着你应该开启新的学习模式了。作为新教师,你需要学习的东西很多,本章将告诉你:如何做一个有礼有节的新教师?如何修炼你的团队合作技能?如何与同事相处?如何向身边的同事学习?尽快融入你的团队,你将从团队中汲取更多的能量,帮助你快速成长!

做一个有礼有节的新教师

> 小G老师在年级组受到孤立，成为年级组的一座"孤岛"。原来，她习惯于索要其他老师的教学资源，而她自己的资料从不与他人分享。搭班的老师还总是吐槽她经常拖堂，过度占用学生时间，导致学生偏科。也有同事评价她孤傲，不喜欢打招呼，面无表情，教研活动还经常迟到……

"人无礼则不生，事无礼则不成，国家无礼则不宁。"中华民族乃礼仪之邦，礼义廉耻乃国之四维。无论一个人在社会上扮演什么样的角色，礼貌一直是维系人际互动的基本规则。礼貌是一个人的名片，说话办事有礼貌的人总是更受人欢迎。礼貌，看似小事，却直接影响着你的形象，以及别人对你的态度。礼貌是与人共处的金钥匙，非常珍贵。

有位名人曾说："生活中最重要的是有礼貌，它比最高的智慧、比一切学识都重要。一个习惯于出言不逊的人，自然不会得到别人的喜欢。"所以，教学生做一个有礼貌的人是很重要的。身为教师，以身作则，践行谦卑有礼，也是极为重要的。如何才能尽快融入团队，做到有礼有节呢？你需要注意以下方面：

◎ 在学生面前提及学校里的其他成年人时，使用他们的头衔、职务等，如张校长、李主任、王老师等。

◎ 愉快地向每一个你所遇见的人微笑问好。

◎ 不允许学生在你面前抱怨另一位老师。

◎ 教师会议上要集中注意力听讲。

◎ 不要轻易迟到，做一个守时的人。

◎ 提前计划好工作，不要让学生看到你手忙脚乱或狼狈不堪的样子。

◎ 说"请"和"谢谢"时要格外认真，越是紧张时，越要注意这一点。

◎ 不要私底下说别人的闲语。

◎ 保持你的工作区整洁，如果你在公共区域撒落东西，要捡走残渣、擦净污渍。

◎ 用职业礼节接听电话或回复电话信息,尤其不要让家长感受到你冷漠或难以接近。

◎ 礼貌地对待食堂工作人员和保洁阿姨,并要求你的学生也这样做。

◎ 如果你与同事有分歧,请保持冷静和风度,绝不提高嗓门。切记:绝不在学生面前上演这种分歧。

◎ 如果看见另一个人正费劲地拿着书本、文件或包裹等,一定要上前给予热情的帮助。

◎ 如果你借了东西,要记得按时归还,且保持物品整洁。

◎ 降低班里的噪声,控制好自己的讲课音量,避免影响到其他班级。

◎ 用友好的话语在门口欢迎你的学生。

◎ 学会将你的资料、用品和教学资源分享给其他老师。

◎ 尊重其他老师的上课时间,除紧急情况外,不要打断其他老师的教学。

◎ 不要随便占用其他老师的上课时间,不要因为拖堂而影响下一位老师上课。

好书推荐

《陶行知教育文集》

胡晓风,金成林,张行可,等/编　四川教育出版社

推荐理由:陶行知,中国人民教育家、思想家,伟大的民主主义战士、爱国者。早在美国留学期间,他便立志:"余今生之惟一目的在于经由教育而非经由军事革命创造一民主国家。"1923年,他在给妹妹陶文渼的信中讲到他们共同肩负的使命:"这使命就是运用我们全副精神,来挽救国家厄运,并创造一个可以安居乐业的社会交与后代。这是我们对于千万年来祖宗先烈的责任,也是我们对于亿万年后子孙的责任。"他不辱使命,躬亲实践,终生不渝,创立了适合中国国情又顺应世界现代化潮流的生活教育理论。有人说:"作为一名教师,如果不读陶行知的著作,不积极实践陶行知的教育思想,那几乎还没有触及到中国教育的实质,如盲人摸象,又如沙地建楼。"

本书汇集了陶行知先生平生教育教学研究与实践的精髓,行文深入浅出、通俗易懂,从"教学合一""学生自治""平民教育""学校观""创造的儿童教育""民主教育"等各个方面集中体现了陶行知先生的"生活即教育"及"知行合一"的独特教育思想,不仅有很高的学术价值,而且对中国教育改革具有很强的借鉴价值和指导意义。

修炼你的团队合作技能

> 小F老师虽然工作一年了,但感觉还没有融入团队。他性格内向,不善言辞,每天总是闷头做事,很少与办公室内和年级组的其他同事交流。当遇到问题时,没有人愿意主动站出来帮助他,尤其是上公开课,除了他的教学师父给他指导外,其他同事都不帮忙。他很苦恼,陷入了沉思。

俗话说:"一个人走得快,一群人才走得远!"团队合作精神越来越深入人心,越来越为人们所重视。进入职场,一定要有团队意识。要成为团队里有价值的一员,需要好好修炼团队合作技能。如何提升自己的团队合作能力呢?

◆ **修炼表达与沟通能力**

表达与沟通能力是非常重要的。工作再出色,不会表达,缺乏分享,也无法让更多的人理解,得不到众人的认可。常言道"行胜于言",这主要是强调做人应该多做少说。但开放的现代社会需要表达和传播,需要我们掌握与人交流和沟通的艺术。

◆ **修炼主动的品格**

每个人都有成功的渴望,但是成功不是等来的,而要靠努力创造。任何一所学校都不喜欢只会听差遣的人,我们应该全面了解自己,主动了解学校的发展进程和发展规划,积极主动地助力学校的发展。

◆ **修炼敬业的品质**

几乎所有的团队都要求成员具有敬业的品质。有了敬业精神,才能有责任心,才能发挥自己的聪明才智,为实现团队的目标而努力。要记住:你个人的命运是与所在的团队、学校集体联系在一起的。这就要求我们想方设法认真完成好个人承担的任务,养成认真做事的好习惯。要知道:有才能而不敬业的人,无人敢用。

◆ **修炼宽容与善于合作的品质**

单打独斗的时代已成过往，个人的价值要在集体中才能得以展现。事业的潜在危机往往是忽视与人合作或不会与人合作。每个人都有自己的短板，也有自己的长处。我们要学会信任他人、宽以待人、与人合作。

◆ **修炼全局观念**

团队精神虽不反对张扬个性，但你的行动必须与团队的行动一致，团队中的每个人都要有整体意识、全局观念。团队成员需要互相帮助、互相照顾、互相配合，为了集体的目标而共同努力。

在团队之中，要承认他人的贡献。如果借用了别人的智慧和成果，就应该声明；如果得到了他人的帮助，就应该表示感谢，这也是团队精神的基本体现。

优秀的教师团队成员，应该是这样的：

◎ 愿意为同事和学生搭建理解与联系的桥梁；

◎ 谦恭地对待所有团队中的人；

◎ 在工作中多听取他人的意见；

◎ 值得信任，信守承诺；

◎ 致力于维护学校的利益；

◎ 能很快对别人的努力工作和成就致以祝贺；

◎ 工作中懂得适时让步；

◎ 在同事需要的时候乐意提供帮助；

◎ 能敏锐地觉察出其他人的需要和情感。

资料宝库

团队很重要

没有刘备，张飞就是个卖肉的，关羽就是个编筐的。要有个朋友圈，要有团队。

孙悟空没有唐僧只是只猴子，唐僧没有孙悟空也只是个和尚，要感谢团队。

土豆身价平凡，番茄也如此，但是自从薯条搭配番茄酱以后，它们的价格翻了几倍。合作很重要，要感谢团队。

　　一个温馨的团队，一个活跃的团队，可以这样构成：有一个无私付出的群主；有几个比狗睡得还晚、比公鸡起得还早的"工作狂"；有几个时不时蹦出几句冷幽默、讲点儿哲理的"思想家"；有几个经常对掐的好友；有几个超强大脑；有一个正襟危坐、维持群规群纪的"纪委书记"；有几个能听进、能包容各种言语、各种表现，宁愿潜水憋死也绝不退群的有涵养、有心胸的基础群员。

和同事相处的10个原则

> 小高是同事心目中的"老好人",为了和大家处好相处,他大事小事都往自己身上揽。办公室清洁是他的专属,同事有事都找他。有时他自己的事情还没做完,别人的事情就揽了一大堆。想拒绝又怕得罪人,不拒绝又觉得自己真的很累。与同事的相处之道,成了他最大的困惑。

新教师应该如何与同事相处呢?下面10个原则,或许能给你启发。

◆ **对待同事要像对待朋友一样真诚**

遇到问题时,要诚恳地向同事请教,不要不懂装懂。当同事向你请教时,应当积极应答,不要敷衍应付。遇到无法应答的问题,应该诚实地表明自己不清楚,不可随口胡言乱语,要像对待朋友一样真诚地对待同事。

◆ **学会拒绝同事的技巧**

当同事有求于你,而你又不能帮助他时,一定要委婉拒绝。不要认为拒绝不礼貌,硬着头皮冲,结果往往更难堪。

◆ **善于发现别人的长处**

同事身上往往有许多值得我们学习的长处,我们要学会赞美他人。当同事有杰出表现时,给予真诚的祝贺和赞扬,会拉近你与他的距离。

◆ **信守承诺,"一言既出,驷马难追"**

"人无信则不立。"如若失去信用,以后你就很难得到别人的信任,这必将影响你的工作和发展。一旦你对同事有承诺,就一定要尽力做到。只有这样,你才能赢得同事的信赖,也才能心安理得。

◆ **让你的脸上充满灿烂的笑容**

整天闷闷不乐,耷拉着脑袋,好像大家都欠你的似的,同事自然不愿与你交流,同事关系也会僵化,你的人生乐趣也会减少。拒人于千里之外,就等于画地为牢。因此,让你的脸上充满灿烂的笑容吧!

◆ 与同事相处时要尊重他人的私生活

同事之间不要说东道西,因为很多事情自己没有经历,是无法理解的,如果以讹传讹,将会造成严重后果,所以要尊重同事的隐私,关心同事也要把握好一个度。

◆ 与同事融洽相处、愉快合作

要适当地控制自己的情绪,不要因一时之气与同事发生口角。同事是你的合作伙伴,不要为了逞一时之快而损害对方的自尊心和利益,否则以后就很难再获得他们的友谊,很难与他们合作了。与同事交谈时,应该让对方感受到你是他们最真诚的伙伴。当你想要他人主动地、热情地与自己合作时,你应该先站在对方的立场,设想对方如何才能与你合作。不要轻易动怒、发牢骚,或对别人冷嘲热讽、斤斤计较,否则大家会对你望而生畏,自然会刻意避开你,这样你就很难与同事合作了。

◆ 尊重同事的意见

与同事相处难免会有意见不合的时候,如果对方批评你的过错,应该欣然接受,并请对方清楚说明。被人责怪难免自己有三分错,所以当别人指出你的错误时,要虚心接受。在彼此意见不统一的情况下,应该心平气和地进行交流,以达到求同存异的目的,然后在大原则不变的情形下,达成一致意见。有时,同事之间为了维护各自的利益,常会在心理上筑起一道屏障,这时我们应该在言谈举止上表达自己的善意和坦诚,并考虑对方的立场,言行及态度不要太过严肃或太注重形式,尽量和同事打成一片,处事大方得体,不要觉得自己高人一等,也不要唯唯诺诺。

◆ 心直口快并不一定是好事

有人总以自己"心直口快"为借口,说话不顾及他人的感受。其实,"心直口快"在职场中并不一定是好事。如果你对某位同事或领导不满,要尽量避免在他人面前提及。如果是对方对你有所抱怨,你不妨暂时先充当一个"聋哑人",最好不要当面反驳或加以批评。如此不仅可以与对方维系良好关系,也可以减少不必要的误解。莎士比亚曾经说过:"对于他人的话,你要善意听之,则你将得到五倍的聪明。"

◆ **学会与相处困难的同事和谐相处**

在一个集体里,各种性格的人都会有,有的人好相处,有的人难相处。如何与难相处的同事和谐共事呢?第一,对于别人口中的难相处,我们要有自己的判断,多了解,多等待;第二,找出他的优点,学会欣赏他;第三,不要在别人面前讲他的闲话;第四,保持必要的距离。难相处且消极的人,处久了你也会变得消极。这样的人,要学会保持一定的距离。我们不要成为别人眼中难相处的人!

好书推荐

《教师的沟通力》

[日]三好真史/著 吴艳/译

北京科学技术出版社

推荐理由:教师所从事的是需要处理各种人际关系的难度巨大的工作,在沟通中遇到困难、产生压力在所难免。有的教师因自己不被学生喜爱而烦恼,有的教师因同事难以相处而心烦,有的教师因应对家长而疲惫。正因为如此,掌握沟通方法才显得尤为重要。本书能帮你习得可复制的80个沟通方法,建立完整的沟通机制,让你在面对数量庞大、不断变化的沟通问题时,也能有章法可循,轻松应对。书中场景覆盖了课堂教学、师生互动、同事相处、家校沟通,既有模式化的方法步骤讲解,也有临场感极强的对话案例解析。

学会向身边的同事学习

> D老师短短几年就成长为教学骨干、班级管理能手。他快速成长的秘诀就在于:善于向身边的人学习。端着凳子听优秀教师的课,向资深班主任请教班级管理经验,和办公室里的同事讨论教育教学问题等,这些都是他工作中的常态。孔子曰:"三人行,必有我师焉。"他一直在践行这句话。

作为一名新教师,仅对教育事业拥有一颗炽热的心还远远不够,还需要认真学习专业知识,潜心锤炼教育教学技能,才能走得更远。如何向身边的同事学习呢?

◆ **看重和尊重同事**

不管是年长的同事还是年幼的同事,他们身上都有值得学习的东西,人人皆可为师。人无法从自己不看重的人身上学到东西。看轻同事,就会关上自己的心门。尊重同事,才能获取学习的机会。

◆ **认清同事的特质和强项**

哲学诗人爱默生曾说:"我遇见的每个人,都必定在某一方面胜于我。"人各有所长,也各有所短。要找到同事值得自己学习的特质和强项,作为学习的目标。

◆ **多走进课堂听老教师上课,取其精华**

老教师在课堂教学和教材处理上有着丰富的经验,犹如一本活生生的教材。因此,听课对于新教师来说尤为重要。D老师入职一年就听课200余节,把听老教师的课当作享受。老教师的教学经验、驾驭课堂的方法都值得新教师细细揣摩,这也是新教师快速成长的捷径。

◎ 听课之前认真准备。听课之前先熟悉教材,对教材进行认真的分析,试想自己的教学设计,找出教学重难点,这样便于提高听课效率,学习老教师对重难点的处理方式。

◎ 聚精会神地听课。听课时要认真学习老教师处理教材的技巧和教学环节的设置,学习老教师的课堂导入与结束的艺术、语言表达技能、提问技能、知识的详细讲解技能以及审题与解题的技能。

◎ 认真做好听课记录。听课时要把老教师上课的精华浓缩在听课记录本上,便于课后反思总结。通过听课,新教师不但可以吸收大量知识,学习教学技能,还能汲取教学智慧,长期坚持一定会受益匪浅。

◆ 虚心向老教师请教,不懂就问

优秀的老教师有着丰富的教学经历、完备的知识体系和过硬的专业素质,对于他们来说课堂教学可以信手拈来。因此,虚心向老教师请教可以少走很多弯路,往往会有事半功倍的效果。对于听课中遇到的问题,可与老教师多交流。在备课的过程中,除了自己多查资料、多看书、多思考外,还应该多与老教师探讨教法、教学设计,多向老教师请教。

◆ 利用好课下交流机会

优秀的老教师作为学校的骨干,一般都承担着较重的管理任务和教学任务,比较繁忙。因此,要学会见缝插针地学习,在老教师闲暇的时候,主动与他们多交流,多请教专业知识,多请教教育教学技艺,他们会乐于帮助勤学好问的后辈的。

◆ 广闻博采,积极反思

"模仿+反思+实践"是新教师快速成长的重要途径。在向老教师学习的同时,不断进行自我反思,也是新教师成长的关键。反思是对自己的教学经验进行总结的过程,也是积累教学经验的过程,更是发现自身不足、提高自身能力的过程。在反思中提高,是新教师成长的必经之路。著名教育家叶澜曾说:"一个教师写一辈子教案不一定成为名师,如果一个教师写三年教学反思,就有可能成为名师。"比如:听课之后反思自己课堂存在的不足并立刻修改自己的教学设计。

不断反思和重构自己的教学设计,解读教材的能力和设计课堂教学的能力一定会很快提升,课堂教学效果也会得到明显提高。

◆ 认真聆听老教师的教诲,常怀感恩之心

老教师与师父是特别伟大的,他们在百忙中还肩负着传、帮、拉、带徒弟的艰巨任务。在师徒结对中,每一个徒弟的成长都凝聚着师父的无数心血。新教师应该认真聆听老教师的教诲,老教师说的很多话都要牢记,哪怕是逆耳的忠言。另外,在办公室里应多做一些力所能及的事情,应尊重老教师,尊重老教师的劳动。

每一位老教师或师父都希望新教师能够快速成长,作为新教师,要不负重托,不断提高自身的专业素养,通过多看书、多研读课标、多学习、多实践、多总结、多反思、多了解学生、多参与教育科研等,不断提升自身的教学技能,用自己的努力与智慧来回报老教师与师父的教诲之恩和良苦用心。

◆ 学习过程中应注意的问题

学习归学习,但切忌照搬老教师的教学模式,应该在借鉴的基础上进行创新,要根据自己的特点活用老教师的教学风格。有些老教师在教学之路上形成了很好的教学风格,课堂丰富多彩,听他们的课是一种享受,可是也要结合自己的特点进行创造性的学习。

总之,新教师只要对教学充满着激情,深深地喜欢自己的职业,就能朝着自己想要的模样成长。尽管新教师的成长是一个长期的、循序渐进的过程,无法一蹴而就,但是有学校的大力支持,有各位老教师的带领,有好师父的指引,有青春作为资本,成长并非一件难事。"良禽择木而栖,士为伯乐而荣。"相信年轻人在经历磨炼和成长之后,站在三尺讲台上,一定会拥有一颗更加从容、平和、充实的内心,一定能更好地走入教育的世界,谱写教育的华章。

资料宝库

名人好学的故事

◎ **徐悲鸿改鸭子**

一次,徐悲鸿正在画展上评议作品,一位乡下老农说:"先生,您这鸭子画错了。您画的是麻鸭,雌麻鸭的尾巴哪有这么长的?"原来徐悲鸿展出的《写东坡春江水暖诗意》,画中麻鸭的尾羽长且卷曲如环。老农告诉徐悲鸿,雄麻鸭羽毛鲜艳,有的尾巴卷曲;雌麻鸭毛为麻褐色,尾巴是很短的。徐悲鸿接受了批评,并向老农表示深深的谢意。

◎ **梅兰芳拜师**

京剧大师梅兰芳,还是丹青妙手。他拜名画家齐白石为师,虚心求教,总是执弟子之礼,经常为白石老人磨墨铺纸,全不因为自己是著名演员而自傲。梅兰芳不仅拜画家为师,也拜普通人为师。有一次演出京剧《杀惜》,众人喝彩叫好,然而一老年观众却说:"不好。"来不及卸装更衣,梅兰芳用专车把这位老者接到家中,恭恭敬敬地说:"说我不好的人,是我的老师。先生说我不好,必有高见,定请赐教,学生决心亡羊补牢。"老人指出:"阎惜姣上楼和下楼的台步,按梨园规定,应是上七下八,博士为何八上八下?"梅兰芳恍然大悟,连声称谢。之后,梅兰芳经常请这位老先生观看其演戏,请正错误,称其为"老师"。

名人尚且如此好学,我们岂有不学之理。

第五章
了解"合格"路径

11月,你应该考虑如何进行自我修炼了。新教师第一年入门,应该把优秀教师作为追求的目标。那么,你是否清楚优秀教师有哪些特质?你是否明白课上到什么样子才算合格?你是否知道练习口头表达能力的方法?你是否了解"问课"的途径?……本章将带你开启自我修炼之旅!

优秀教师的特质

> 好教师是相似的,不好的教师各有各的不同。入选美国教师名人堂,被许多机构评选为美国顶级教师的阿兰·保罗·哈斯克维茨说:"一名优秀的教师应该是永不满足的,对待学生和自己都应该有高期待、严要求,有敏锐的洞察力和幽默感,还要办法多样,精益求精……要做一名优秀的教师,必须了解优秀教师的特质,然后慢慢修炼。"

优秀教师具有三个方面突出的特质:一是做人大气;二是有大爱;三是有大担当。大气就是包容、开放;大爱是能爱每一个学生,无论这个学生怎么样,都会从心底去爱;大担当是为了每个学生的明天,也是为了民族和人类。

从能力方面来说,优秀教师都应该有"三种力"。

一是感受力。这个感受力特别突显的就是感受到他人的感受,因为教师面对的是学生,学生的感受是独特的,与成人不一样,即使是一种错误的感受,教师也要有特殊的敏感。

二是学习力。作为教师,需要不断学习,且要终身学习。学习力体现出你的感悟力,体现出你的研究力,同时也体现在你的行动力上。

三是引领力。教师要能够感染、激发、唤醒、开发学生的潜能。当然,优秀老师并非生而如此,相反,他们是经过了时间的沉淀,才有今天的成绩。假以时日,你也可以做到。作为第一年从教的教师,你应当致力于尽快地发展以下品质,越多越好。建议你依据以下步骤提示去发现你有哪些优势,哪些方面还需要进一步努力。

第一步,如果下面某个特征与你在校每一天的情况相吻合,请在相应的圆圈里涂上颜色。

第二步,完成后,数数符合你情况的项目数量,每个计1分。

第三步,看看最后的登记评分,确定你位于哪一级。

优秀教师:

◎ 喜欢他的学生。

◎ 在班里以成人而不是孩子的风格行事。

◎ 启发学生,让他们有求知的欲望。

◎ 每天都为教育每一个学生而做足准备。

◎ 没有偏爱的学生,也没有讨厌的学生。

◎ 放学后花些时间帮助那些需要指导的学生。

◎ 迅速返回作业并让学生及时更错。

◎ 在一节课中组织各种有意义的活动。

◎ 整堂课都能令学生处于积极的状态,不会走神。

◎ 确保学生知道如何出色地完成一个任务。

◎ 精于专业,了解学科的重大前沿问题。

◎ 是值得信赖的角色典范。

◎ 课堂活泼而有秩序。

◎ 把自己看作团队中的一员。

◎ 时刻都优雅地对待每一个人。

◎ 努力提升自己的专业能力。

◎ 有效率地处理各种事务。

◎ 是一个开明的人。

◎ 富有教育的智慧和幽默感。

◎ 喜欢阅读,也喜欢进行教育教学反思。

你的总分是:

◎ 18~20分:太棒了! 你无疑是走对路了,继续保持好的成绩。

◎ 16~18分:选择一个或两个品质开始改进。制订一个计划,确立你的目标,努力发展优秀教师需要具备的所有特质。

◎ 15分及以下:记住,提升你的能力需要时间,需要缜密的决定,从那些目前对你来说最重要的特质入手,确立每一个特质的发展目标。

资料宝库

教师不断实现超越的"五层修炼"

初为人师,仿而会的修炼——亲其师而仿其道。亲和、亲近、模仿,学生跟着学、循着思。

入格之师,练而会的修炼——从其师而习其道。能讲解、会练习,吸引学生试着学、敢于思。

步入良师,思而会的修炼——服其师而思其道。善讲解、巧类比、得方法,学生愿意学、勤于思。

跨入优师,悟而会的修炼——慕其师而悟其道。善激疑、会启发、培思维,学生主动学、善于思。

终成名师,点而会的修炼——迷其师而痴其道。善点拨、会创新、倡质疑,学生乐于学、善于创。

合格课的评估标准

> 上班第一天,教务主任对林老师说:第一年是实习期,课堂教学要考核合格才能转正定级。林老师很想知道:什么样的课算合格课?这不,有经验的老师给出了合格课的评估标准,主要的维度包括教学目标、教学内容、教学过程、学生活动、教师素养、整体效果和学生核心素养培育等。

◆ **教学目标**

教学目标包括知识与技能目标、过程与方法目标、核心素养目标等。教学目标要全面、合理、具体、符合实际,且能有效落实。教学目标的制定要符合课程计划的要求、学生的年龄特征和学习实情,面向全体学生。

◆ **教学内容**

教学内容包括课程标准、教材和课程等。在新课程改革背景下,基于生成性教学思维理念,人们对教学内容有了新的认识。教学内容指教学过程中同师生发生交互作用、服务于教学目的达成的动态生成的素材及信息。学校给学生传授的知识和技能、灌输的思想和观点、培养的习惯和行为等的总和,也叫教学内容。课程计划、课程标准和教科书是教学内容的具体化。在落实教学内容时,要做到观点正确、论证科学、重点突出、难点突破、容量适当、注重德育渗透、注意联系实际、开发课程资源等;教学方法、措施能围绕教学重点展开,具有可接受性。

◆ **教学过程**

教学过程包括组织教学、导入新课、讲授新课、课堂互动、课堂练习与反馈、小结与回顾、布置作业等。课堂引入自然、合理,调动起全体学生参与教学的兴趣和主动性。在教学过程中,结构设计要合理,面向全体学生,层次分明,加强学法指导,合理利用现代教学媒体辅助教学。

◆ **学生活动**

学生是学习的主体。现代课堂倡导活动设计。学生活动包括课堂活动(课堂讲授、问题探究、训练、实验与实践等)和课外实践活动。学生活动要求学生广泛参与、深度思考、主动积极、合作探究、勇于创新。

◆ 教师素养

教师是教学的重要角色,对教学起着主导作用。教师素养包括教育思想素养、职业道德素养、知识素养、能力素养、身心素养、创新意识等。教师必须具备正确的价值观、良好的道德品质、扎实的知识功底、较高的教育教学技能、平等尊重的观念、真诚热情的教学态度和一定的创新意识;同时,应仪表端庄、举止得当、语言规范、板书工整。

◆ 整体效果

效果是实施教学过程希望达成的目标。整体效果包括较好地完成教学内容、落实教学目标、体现新教学观、学生素养达成度高等。教学全过程应能体现教师主导和学生主体的有机结合,做到适时进行德育渗透,完成教学目标规定的任务,"教"与"学"气氛活跃,学生核心素养培育落实好。

◆ 学生核心素养培育

要落实立德树人的根本任务,培育学生核心素养是重要内容。不同年级,不同学科,核心素养的具体内容各异。高中课程标准和义务教育课程标准中对此有具体规定,大家可以学习并落实到自己的教育教学实践中。

好书推荐

《评课到底评什么:王小庆评析名师课堂》

王小庆/著　长江文艺出版社

推荐理由:多元视角,深度剖析名师课堂;微观实录,还原课堂教学现场;思想探索,助力教师专业成长。这是一本评述名师教学的书,兼具思想性和实用性。该书基于课堂这一教育现场,对王崧舟、张祖庆、丁慈矿、罗才军等多位名师的课进行评析,从教学责任、美的追求和文化情怀三个角度对评课主题进行分类,对课堂内师生的存在状态及价值追求进行探讨,探求人在教育语境下的精神成长轨迹,从而摆脱单纯从教育教学的角度审视课堂的惯用做法,使评课文章具有思想的张力,也为读者打开文化意义上的视野。本书附有名师教学的课堂实录,可以为教师提供学习的样例。

提高口语表达能力的简短练习

> 有一个重点大学毕业的高才生,机缘巧合下当了中学语文老师。他很有才华,写得一手好文章,但就是不善言辞,口语表达能力欠佳。他的课学生们都反映要么听不懂,要么听起来无趣想打瞌睡,学生们背地里都说他是"茶壶里煮饺子——有货倒不出来"。他教了一年,没有找到一丁点儿成就感,最后不得不辞职换了别的工作。

口才之于教师,犹如枪炮之于战士,是必备的工具或条件。苏霍姆林斯基说:"教师的语言修养在极大的程度上决定着学生在课堂上脑力劳动的效率。"在一定程度上,教师的口语表达能力决定课堂教学效果,锻炼口语表达能力是新教师的必修课。怎样提高教师的口语表达能力呢?

训练表达思维是第一要务。说的过程是严密的思维过程,一个人只有对问题深思熟虑后,他在表达时才能娓娓道来、从容不迫,否则杂乱无章,甚至胡言乱语。这就要求教师在备课时要吃透教材,明确教学目标,设计符合学生逻辑思维的教学程序。

"冰冻三尺,非一日之寒。"要做到这一点并不容易,首先,我们在日常的学习生活中要有意识地选择有一定思维深度的训练内容,通过独立思考,找出口语表达的最佳方案。开始时可以借助笔帮助思维,熟练后可以脱稿,最终形成具有自己特色的思维方式。

其次,要注重"备学生"。教师还要注重外界的思维刺激,提高听、想、说的速度,提高随机应变的能力,尤其是在课堂上,教师要捕捉几十名学生的思维方向,处理学生提出的问题及突发事件,以此调整教学方向。

再次,要重视语言表达。如果只有思维能力,那还是"茶壶里煮饺子——有货倒不出来"。怎样把心里想说的完整地表达出来呢?这要求教师注意丰富自己的词汇量,不断扩大阅读量,扩大知识面,注意少用书面语,表达干脆利落又能使学生有所收益,少带或尽量不带"口头禅"。"口头禅"能反映出教师思维的逻辑性欠佳,非常影响表达效果。教师还可以根据情境以朗读促进口语的表达,用抑扬顿挫的语调表达思想感情。

最后,教师在自我训练口语表达的同时,也要加强对学生的训练。通过训练学生,增强他们的口语表达能力及理解能力,潜移默化地影响他们的思维逻辑,实现共同成长。

下面,给大家提供一些针对性练习,尽量使你的口头表达充满乐趣。

◆ 练习1:为你自己录像

提高你授课质量的一个有效方法是将自己的课录制下来,反复研究,寻找不足,不断改进,逐步提高。需要注意的是,当你在观看自己的上课视频时,为了准确评估自己,请思考这些问题:在言语上,我是否有令人讨厌的结巴?在非言语上,我是否有令人讨厌的磕绊?我的声音够不够大,清不清晰?是不是所有学生都能够听见我说话?我让学生回答问题时照顾到大多数人了吗?我表现出了热情、大方和自信吗?我说的话抓住所有学生的注意力了吗?

◆ 练习2:一副训练有素的声音

动听悦耳的声音,是教师的重要依靠。你既要保护好自己的嗓子,还要训练自己的发音。你可以尝试采用以下方法训练发音。

第一,可以每天练习气息。练习的方法有:

软口盖练习法:最常见的是闭口打哈欠,即打哈欠时故意不张开嘴,而是强制用鼻吸气、呼气。

压腹数数法:平躺在床上,在腹部压上一摞书,吸足一口气,开始从1往后数数。这是对气息输出做强制训练,能达到增强腹肌和横膈膜的控气力度的目的。做这个练习时,开始阶段压的书可以少些,然后逐渐增加,循序渐进。

气声数数法:先吸足一口气,屏息数秒,然后用均匀的、低微的、带有气息的声音从1开始数数,就像是说悄悄话一样。在开始阶段可以数得少一些,不过要注意,数数时尽量不撒气、不漏气。

跑步背诗法:平时跑步出现轻微气喘时,可背诵一首短小的古诗。开始训练时可以两人配合进行,并肩小跑,一句接一句地背下去。背诵时,要尽量控制不出现喘息声,一首诗背完后,要调节呼吸,再继续进行。需要注意的是,激烈运动时不可进行此项训练。

第二,可以练习口部操。这里给大家介绍口部操练习的步骤。

口部操的唇部练习:

第一节:喷,也称双唇后打响。双唇紧闭,将唇的力量集中于后中纵线1/3的部位,唇齿相依,不裹唇,阻住气流,然后突然连续喷气出声,发出p、p、p的音。

第二节:咧。将双唇闭紧尽力向前噘起,然后将嘴角用力向两边伸展(咧嘴),反复进行。

第三节:撇。双唇闭紧向前噘起,然后向左歪、向右歪、向上抬、向下压。

第四节:绕。双唇闭紧向前噘起,然后向左或向右作60度的转圈运动。

口部操的舌部练习:

第一节:刮舌。舌尖抵下齿背,舌体贴住齿背,随着张嘴,用上门齿齿沿刮舌叶、舌面,使舌面能逐渐上挺隆起;然后,将舌面后移向上贴住硬腭前部,感觉舌面向头顶上部百会穴的位置立起来。这一练习对于打开后声腔和纠正尖音、增加舌面隆起的力量很有效。口腔开度不好的人、舌面音j、q、x发音有问题的人可以多练习。

第二节:顶舌。闭唇,用舌尖顶住左内颊,用力顶,似嘴里有糖状;然后,用舌尖顶住右内颊做同样的练习。如上左右交替、反复练习。

第三节:伸舌。将舌伸出唇外,舌体集中,舌尖向前、向左右、向上下尽力伸展。这一动作主要练习使舌体集中、舌尖能集中用力。

第四节:绕舌。闭唇,把舌尖伸到齿前唇后,向顺时针方向环绕360度,然后向逆时针方向环绕360度,交替进行。

第五节:立舌。将舌尖向后贴住左侧槽牙齿背,然后将舌尖沿齿背推至门齿中缝,使舌尖向右侧翻;然后做相反方向的练习。这一练习对于改进边音l的发音有益。

第六节:舌打响。就是用舌头打出响声。

第七节:捣舌。就是让舌头反复地往外面冲,练习舌头的灵活性和力度。

大家每天练习,你的声音会发生质的变化,你不妨试试吧!

◆ 练习3:"停顿"的艺术

这里的"停顿"并不是朗诵中的停顿。这是当学生在场时你需要在班级里进行的练习,学会控制自己,不要在学生回答问题时"不断插嘴"。当学生说话的时候,你先在心里默数三下,再表达你的看法或允许其他学生参与讨论。同样地,当学生回答问题的速度很慢,或者答案比其他人更深入时,不要去催促,停顿足够长的时间,让学生去思考。

◆ 练习4:一个令人愉快的表情

对于教师来说,在你的脸上展现出令人愉快的表情至关重要。作为一名教师,你要时刻意识到自己站在讲台上,就是一个"焦点"人物,你的一举一动都会影响着学生。如果你常常显露出急躁、迷惑、厌烦的情绪,这些都会投射在学生如何对待彼此、对待你上面。所以,练习微笑吧,无论你是怎样的情绪,只要你面对学生,就要露出笑脸。请记住,交流是成功的关键,微笑消耗的精力要比皱眉少。

◆ 练习5:目光接触

新教师必须迅速掌握的另一项技能就是目光接触。当你和学生说话时,控制自己不要注视墙壁或是地板,把你的注意力集中在教室里的每个学生身上。你可以把目光先集中在两三个学生身上,保持几秒钟后再转向另一群学生。板书的时候,不要把整个背对着学生,而是转向一侧,使自己几乎是面对着学生,边书写边注视学生。如果整节课你都保持与学生的目光接触,那么所有学生都会感受到你是在直接与他们对话的。

好书推荐

《教师语言技能》

薛蓓/主编　上海交通大学出版社

推荐理由:从教师嗓音保健到普通话发音,从一般授课表达到课堂演讲,可扫码学习。

养成"问课"的习惯

> 小G老师参加工作不到两年,便在优质课赛课中斩获一等奖。问她为什么能在短短时间内把握课堂教学并取得如此骄人的成绩,她说:"我没有别的诀窍,就是多'问'。每堂课结束,我都要进行自我反思,问自己收获了什么,还有哪些没做好。我也喜欢问学生,问他们喜欢什么样的课。我还喜欢问师父和年级组的其他老师,从他们那里取经……"任何成功都不会唾手可得。努力之后,便会有收获,这是我们从小G身上获得的启示。

古人云:"学贵有疑,小疑则小进,大疑则大进。"教学亦然!问课是一种思考,是一种探索,是一种反思。问则思,思则得,得则行,行则成。

问课,究竟问什么?可问成败,可以是课堂中的精彩一瞬,缘何精彩?也可以是课堂中的遗憾一笔,遗憾何在?可大可小,大到问教学方式的转变,小到问一个词、一个句子的导入处理。可深可浅,深到对教学方法的再考虑,浅到对一个教学细节的再设计。

许多教师都十分注重课前的教学设计,往往忽视课后反思。问课就是一种简单有效的教学反思,也是教师的成长路径。对自己的课,不妨时时进行"回放""反思"。可以是留住精彩,也可以是记下困惑,这些都可能成为你写作的素材和灵感。

针对课堂教学状况,可以从以下方面进行问课。

◆ 问自己

针对自己的课堂教学设计,教师要善于"课前问"。例如:应该怎样设计?为什么要这样设计?我还可以怎样设计?怎样设计可以更好地调动学生的参与欲望?等等。教师也要在课堂教学过程进行"课中问",问教学过程中为什么会生成那些自己意料之外的问题。教师还要在课堂教学结束后开展"课后问",问自己这堂课的收获是什么。

◆ 问学生

"亲其师,而爱其课。"教师要放下架子,适时地询问学生对自己课堂教学的意见,如学习感受、学习困惑、对教师的教学需求等。这样,教师可以及时调整课堂教学策略,发挥学生主体作用,注重教学方式多样化,增强亲和力,从而有效提高教学效率。

◆ 问同行

记得一位教育专家说过:校本教研的最高境界就是教师之间无组织地、随意地争论和商榷。俗话说:"当局者迷,旁观者清。""三个臭皮匠,胜过一个诸葛亮。"教师应倾听同行对自己课堂教学情况的意见或他们对课堂教学的见解。这种意见实用性强,便于教师长善救失,有利于教师更好地改进教学工作。同时,教师要有谦虚的品德,让同行愿意给你提意见,让大家能够坦诚交流。这种意见的"含金量"一般比较高,教师要善于去粗取精,为我所用。

问课,让教师更加智慧。在问课的过程中,无论是精彩片段汇集中的经验积累,还是教学中困惑解决时的理论追寻,都能促使教师由"叙事者"逐渐成为"研究者",在反思教学实践活动中不断提升教学能力、提升实践能力、提升实践智慧。

教师的阵地在课堂,而课堂教学是开放的,是在动态中生成的,具有诸多不确定因素。教师的教学水平和课堂教学效果更多取决于教学实践智慧。教学不仅需要科学,更需要艺术。教师的实践智慧正是植根于直觉思维的课堂教学艺术。

实践智慧的姿态是独一无二的,是教师个性化的艺术创造。实践智慧的形态是难以言传的,是教师熟能生巧、巧能生花的艺术表现。实践智慧的状态是即时生成的,它看似信手拈来、偶然得之,实际上是教师长年的经验积累和实践反思的艺术结晶。让问课成为我们反思教学的习惯,让我们从问课这一细节开始,对今天的课问一问,把明天的课想一想,在夜深人静的时候翻一翻问课所得的只言片语,串起一个个教学故事,理一理自己纷繁的思绪,理出个所以然。

谁都能够在不断问课中盘点成败得失,总结教学经验;谁都能够在不断问课中反复调控课堂,锻炼教学机智;谁都能够在不断问课中获得属于自己的实践智慧,更好地站立在课堂上。

作为问课的结果，无论是一份精彩的记录、一声遗憾的感慨，或是一点灵感和触动，它们的珍贵之处在于：它们都来自课堂，来自学生，来自教师的教学经历，来自课堂现场的学情反馈。不断问课，就会让教师更好地尊重学情，更好地关注学生。

归根结底，问课的初衷与最终目的就是两句话：问的是学生学得怎么样，为的是学生能学得更好。如果当问课这一细节成为我们的习惯，课堂必将会因学生的发展而生动，因师生生命活力的焕发而精彩。问课是教师专业成长的一条"绿色通道"，能使教师不断提升教学智慧，促进学生的成长。

资料宝库

教师必须掌握的10项教学基本功

教师必须掌握的10项教学基本功包括：书写基本功、课堂语言基本功、分析学生基本功、解读教材基本功、引导启发基本功、利用现代教育技术基本功、课堂教学设计基本功、组织教学基本功、教学评价基本功、教育科学研究基本功。

第六章
积极高效做事

  12月,在精进自己业务能力的路上,高效率应该是每位教师都在追求的目标。有了3个月教育教学经历的你,或许是时候思考如何提高自己的工作效率了。本章为你分享一些高效做事的小技巧:高效做事从"不抱怨"开始;培养积极主动的心态;管理时间的小提示;教师常用的信息化软件;等等。希望这些小妙招能帮助你高效完成工作。

高效做事从"不抱怨"开始

> 林老师说,他经常在办公室里听到一些抱怨,诸如:"唉,我遇到的家长都不管自己的娃儿。他不管,我也不管了!""这件事明明就是家长的过错,校长却把我批评了一通,凭啥?"抱怨听多了,自己也会不自觉地开始寻找别人的过错,变得不开心起来。后来,他感受到负面情绪对自己的影响,想改变现状。于是,在大家闲暇的时候,他开始教中老年教师跳减肥操。从此,健身的话题渐渐湮没了抱怨的声音,工作氛围变得越来越轻松、活跃了。

抱怨是一种消极的情绪。如果你是一个习惯抱怨的人,你会很不开心,会觉得全世界都辜负了你;你会让亲密关系越来越糟糕,也会让别人对你唯恐避之不及,严重影响你的形象,也影响你的社交,甚至影响你的人生。

没有人愿意与负能量爆棚的人走得太近。如果你身边有人经常抱怨,挂着一副仿佛全世界都欠他的嘴脸,你一定也会觉得头疼,恨不得离他三丈远,免得他把怨气"传染"给你。

是的,抱怨就是这么不受欢迎。但是很多时候,我们不知不觉地就会陷入抱怨的陷阱,和抱怨成为"至交",这真的是一件很苦恼的事情。

其实,远离抱怨并不是一件很难的事情,只要做到下面五点,你就可以远离抱怨,拥有积极的人生。

◆ 站在对方的角度看问题

"学校领导好烦,事情那么多,真是受够了!""唉,家长自己都不管,还要我管!""今天又被无端批评了一顿,凭啥呀?"……这样的抱怨,入职后的你一定听到过。

有问题吗?站在我们自己的角度,好像没什么问题。每个人都是自己世界里的王,当然会觉得自己一切都对。如果别人对我们不好,那一定是他不对。如果你这么想,抱怨就无法停止。

如果我们相信对方是"无罪"的,然后站在他的角度,再来看一下整件事情,或许我们就会得出不一样的结论。如果你是学校领导,肯定希望教师多干事、干好事。如果你是学校领导,面对教师与家长的矛盾,肯定会先批评自己学校的教师。如果你是家长,也希望教师管好自己的孩子,自己就不用多操心了。

这么一想,你会发现:对方的那些"罪状"也不过是人之常情,没什么值得抱怨的。

◆ **不给别人贴标签**

"那个学生是笨蛋,好心烦,真的想放弃他。"

"那个家长很刁钻,不愿意和他交流。"

"领导是个挑剔的人。"

…………

有的人喜欢给别人贴标签,而贴标签的标准,可能是因为和对方有过一次不愉快的交往,便根据自己的感受,把对方进行归类。有了这个标签,我们提起对方时,心里便有了不好的暗示。我们戴着有色眼镜跟人交往,自然别人的一举一动都让我们看不顺眼。然后我们就开始抱怨,抱怨对方如何笨、如何刁钻、如何挑剔……标签会迷惑你的眼睛。

如果不轻易给别人贴标签,学生不会做题时,你就不会急着抱怨学生笨,而是先想:是不是我没有讲清楚？如果不轻易给别人贴标签,面对别人的挑剔时,你可能就不是先抱怨,而是先想:是不是我真的做得不够好？

所以,想要远离抱怨,就不要轻易给别人贴标签。

◆ **给自己一些积极的暗示**

很多时候,我们之所以抱怨,就是因为心里的负能量太多,导致工作积极性不高、效率低,很难找到职业幸福感。

同事没有搭理你,你会说对方高傲,自己也不理他。和家长沟通不顺畅,你会说家长不可理喻,导致心情烦闷。这些都是消极的心理暗示,这种暗示会催生进一步的抱怨。

无论遇到多么糟糕的事情,记得给自己一点积极的暗示:同事没有搭理你,可能是因为同事没有看到你,也可能是因为那时人家正好有事。和家长沟通不顺畅,可能是因为家长不懂教育,我不能事事计较。当你给自己一些积极的暗示时,你的心情就不会太糟糕,很多事情你也不会放在心上,自然更不会抱怨,也不会影响工作。

◆ 清晰地表达意愿

除了心理疗法,我们也需要实战技巧。很简单,无论你说什么话,都不要有太个人化的情绪,要用中性词语清晰地表达自己的意愿。如果你觉得自己在工作中受到了不公平对待,受委屈了,不要抱怨领导不公平,不要抱怨自己多忙多累,要清楚地跟领导说明自己哪里受了委屈,因为很多时候,你不清楚表达,别人是不知道的。

不情绪化,这样说出来的话,对方才容易接受,才不会引起新的"委屈"。清晰地表达意愿,才能更快地达到目的。

相反,如果在这个过程中你一直抱怨指责,就会引起对方的反感,对解决问题没有任何好处。如此下去,你肯定要进行新一轮的抱怨,造成恶性循环。

所以,无论对任何人或事不满,都请先收起你的个人化情绪,清晰地表达你的意愿,唯有这样,你才能远离抱怨。

◆ 寻求解决之道

为什么人总喜欢抱怨?因为有些问题我们解决不了,但心里又不爽,所以就用抱怨来发泄内心的不满。似乎只有这样,我们的无能,我们的无力,才可以被掩藏。

我们不想承认自己比别人差,我们抱怨,把一切责任都推到别人身上。但是很遗憾,当你开口抱怨的时候,你只会越来越差,你会迷恋这种责任的转移,把抱怨当成习惯。

当一件事情让你不满时,请先寻求解决之道。如果你觉得学生的成绩不理想,就多花精力在他身上,和家长一起想办法提高他的成绩。如果领导太挑剔,那就把一切做到完美,让他无可挑剔,或者想办法让他不再轻易挑剔。如果别人不肯帮忙,你可以寻找其他途径,如付费、资源互换等,直到把问题解决为止。如果家长不配合,你就不断给他"洗脑",让他认同你的观点,直到他开始配合你为止。

当你开始寻找解决方法时,就顾不上抱怨了。而且,一旦你开始寻求解决之道,你会发现,这世界上的大多数问题都是可以解决的。既然可以解决,那当然没什么可抱怨的。

亲爱的新教师,你的职业生涯刚刚开始,一切都是新鲜的,希望你怀抱满满的正能量,幸福地开启自己的教师生活。

资料宝库

荷花定律

荷花定律,也叫30天定律,主要内容是:池塘里的荷花,第一天开放一小部分。从第二天起,以前一天的两倍速度开放。第29天时仅开满了一半,第30天会开满另一半。最后一天,即第30天的速度最快,等于前29天的总和。这表明:成功需要厚积薄发,需要积累沉淀。

培养积极主动的心态

> 俞敏洪是个牛人,这是大家公认的。无论是参加三年高考,还是新东方的创立,抑或新东方面临困境后的转型,他一直保持着积极良好的心态,从不怨天尤人,努力从困境中走出来,这是他获得成功的根本。他是年轻人的楷模。

主动积极的人是改变的催生者,他们扬弃被动的受害者角色,不怨怼别人,发挥着人类四项独特的禀赋——自觉、良知、想象力和自主意志,同时以由内而外的方式来创造改变,积极面对一切。

有人说:"每个人身上都有一种看不见的法宝,它的一面写着'积极心态',另一面写着'消极心态'。积极心态可以使你达到人生的顶峰,而消极心态会使你一生贫苦与不幸。"

心态不但影响工作,而且决定人一生的命运。一个人心态好,即便不是很适应眼前的环境,也能够心满意足、心平气和,而这种积极的心态,会带来好的工作态度,其工作效果就好,并逐渐引导我们走向成功。

如果对工作心不在焉,这种消极的心态就会带来心烦意乱,甚至是恶劣的工作态度,其工作效果就差。能够做好自己不愿意做的事情,是生存的策略,更是人生的智慧。这个世界,这份工作,这个岗位,不是为了某一个人而存在的。既然你已经到了这个工作岗位上,就要努力地把这份工作做好,这也是一种人生的责任。

积极的心态能够调动一个人的心灵力量,使其工作水平达到一种好的状态,甚至是完美的境界。相反,消极的心态往往阻挡心灵力量的发挥,它容易使一个人陷入悲观失望、得过且过、烦恼痛苦以及忧虑无奈的泥潭。其实,同样的工作环境,如果心态不同,对工作的态度也是不一样的。以积极的心态面对再不好的工作环境，也会气定神闲，不会有烦躁、抑郁、悲观和自卑的情绪；以消极的心态面对再好的工作环境，也会悲哀叹息，感觉处处不如意。

很多人都想做大事情，这是一种本能，但是这种欲望如果不加以正确审视，人生就容易走上岔路。许多人刚走上社会，心气很高，定位不准，认为自己就是救世主，是来解决社会大问题的、做大事的。但是，这种想法往往会导致一个人在社会上碰得头破血流，有时候连生存都很困难。有些人总是喜欢高估自己，认为自己了不起，这种想法往往会害了自己。所以，我们的工作态度一定要端正。为什么有的人工作愉快、进步很快，而有的人工作时烦躁，总是停步不前？实际上，主要原因还是一个人的工作态度问题。

那么，什么样的心态才是积极的呢？

◎ 执着：对个人、学校和团队目标、价值观有坚定不移的信念。

◎ 挑战：挺身而出，积极地迎接变化和新的任务。

◎ 热情：对自己的工作及学生具有强烈的感情和浓厚的兴趣。

◎ 奉献：全心全意地投入工作，并愿意为工作做出牺牲。

◎ 激情：始终对未来充满憧憬和希望，全力以赴地投入。

◎ 愉快：乐于接受任务和挑战，并分享成功。

◎ 爱心：助人为乐，常怀感恩之心。

◎ 自豪：为自身价值或学校发展而深感荣耀。

◎ 渴望：有强烈的成功欲望。

◎ 信赖：相信他人和集体的价值和可靠性。

世界那么大，生活那么美好，开开心心地面对每一天，唤醒我们沉睡的意识，用积极的心态去面对从教生涯中所有的挑战吧！

> **好书推荐**
>
> ### 《高效能人士的七个习惯》
>
> [美]史蒂芬·柯维/著　高新勇，王亦兵，葛雪蕾/译
>
> 中国青年出版社出版
>
> 　　推荐理由：《高效能人士的七个习惯》是一本实用的畅销书，是个人成长和领导力发展的经典之作。在本书中，柯维提出了7个习惯，这些习惯对于个人和组织的成功都非常重要。这些习惯包括积极主动、以终为始、要事第一、双赢思维、知彼解己、统合综效、不断更新。这些习惯是高效能人士的核心特征，如果我们能够学会和运用这些习惯，我们就能够提高自己的效率、拥有更高的影响力和更大的成功。

管理时间的小提示

> 有位年轻老师每天都要晚上八点多才回家,同事问她为啥每天都这么晚,她说,总感觉有做不完的事,时刻都在忙,但还是做不完。大家都觉得她工作是最勤奋的,但令人不解的是,她班上的成绩却比年级平均值还低。后来,年级组的同事给她提出建议:合理规划自己的时间,会事半功倍。她似乎也找到了自己忙却落后的原因。

教师这个职业,事情多而杂,有很多事情不能按部就班地进行,临时冒出来的事情会很多,所以更需要你有一套属于自己的时间管理方法。否则,你会觉得疲惫不堪。

说到时间管理,大家可能希望有一种方法,学会以后,无论何时何地,都能畅通无阻地运用。不过,可惜的是,并没有万能的时间管理方法,就像买衣服一样,我们得根据自己的特点选择合适的样式和尺码,有时还得量身定做。不同的人需要采用不同的时间管理方法,有时甚至得自己创造出新方法来。

有的人喜欢列出详细的清单,把时间精确地划分为多个小块,严格地按照日程表行动。有的人则相反,喜欢把握整体,抗拒"机械"日程表,这种时间管理方法只会使他们感到不舒服。对于后一种人而言,他们喜欢把事情简单地排序,然后设定最后期限,而不愿意把它们分割成小块,填入时间表。

无论你属于哪一种,都要找到适合自己的方法,只有这样,才能保证时间管理是在帮助你组织时间,而不是在加重你的负担。你可能需要结合两种风格的时间管理方法,创造出自己的时间管理体系。

不管你偏好使用哪种方法管理时间,希望下面这些小提示能帮助你提高时间管理的效率,让你的工作变得得心应手。

◎ 你不可能同时做很多件事情,将要做的事情列一个清单,然后排列顺序,最重要的和最紧急的事情优先处理。

◎ 如果一项任务只需要花三五分钟,立即去做。

◎ 在工作笔记本前面贴上一份日历,把重要的事情写在日历上相应的位置,相关的处理信息记录在后面的工作笔记本上。

◎ 把重要的事情写在便利贴上,然后贴在座位显眼的地方,随时提醒自己事情的截止时间。

◎ 每天要留出充足的时间处理学生的作业。

◎ 当有人想耽搁你一点时间,而你又无暇顾及的时候,要学会说"不"。

◎ 学校的工作尽量在学校完成,回家的时间用来为自己充电。

◎ 任何时候都别忘了利用你的生物钟。什么时候的效率最高,你就充分利用那一段时间来完成任务。

◎ 遵循一条古老的原则:绝不重复"建设"。

◎ 尽量培养学生,把更多的任务交给他们。即便是很小的学生,也能完成很多常规性的任务,关键是你要先花一点时间去培养他们。

◎ 制订每日计划表,每天在固定的时段(如睡前)填写工作计划表,第二天用这份表格提示自己。运用"计划的循环",坚持一个星期,提高管理时间的能力。

工具箱

简易时间管理表

时间	年　月　日
要做的事	
优先处理的事(排序)	
收获(简述,用于自我反思)	

一日工作计划表

日期	年　月　日		
	工作内容	优先序号	说明
常规工作			1. 每天最重要的几件事,最好在前一天晚上计划好 2. 按优先级排序 3. 事情完成后在序号上作个标记

续表

日期	年　　月　　日		
突发情况	事件内容	处理情况	说明
			记录计划外当天需要完成的事
总结反思	感想		说明
			每日盘点工作,记录最深的几点感受

教师常用的信息化软件

> 前段时间,"90后"接管课堂的话题登上热搜。课上游戏竞赛,课下抽取红包,课后表情包批改作业……他们的课堂,总有你想不到的元素。将竞赛答题、抽红包、表情包等应用到课堂中,是现代技术运用于教学的好点子。

office系列办公软件,是现代教学的必备品。教学中,学生更喜欢具有游戏性、互动性、趣味性的教学课件。下面推荐几款教师工作中常用的软件,供大家学习参考。

◆ **希沃白板5**

由希沃(seewo)自主研发,专为教师打造的互动教学平台,主要在教学资源、课堂活动、教学工具、双屏互动上提供帮助。在双屏互动上,手机与电脑的双屏互动有利于随时展示学生作品,供互动评价所用。

◆ **班级优化大师**

由希沃(seewo)自主研发,主要应用在课堂管理、班级管理、家校管理等方面。在课堂上,可实时评价学生表现。在班级管理中,可设置不同维度评价学生,学生的评价量表可以一键导出,方便教师及时发现存在不足的学生。在家校管理上,家长可以通过App浏览学生在校表现情况,及时和教师沟通,促进学生健康成长。

◆ **剪辑师**

专为教师制作微课而设计。它整合了录屏、剪辑、转场等常用功能,界面简洁,简单易学,能帮助"零基础"教师制作较高品质的微课。

◆ **截图工具**

工作中,经常需要对资料进行截图保存。这里推荐几种常用的截图方式。

方法一:利用电脑自带的截图功能。按下键盘上print screen(prt sc)键,可进行全屏截图。按下alt+print screen组合键,能对目前正在操作的窗口进行截图。

方法二:利用通信软件进行截图。QQ截图快捷键为ctrl+alt+A,在按下快捷键后再按住鼠标右键绘制形状,可以实现不规则截图。微信截图快捷键为alt+A。钉钉截图快捷键为ctrl+shift+A。

方法三:利用电脑中的截图工具进行截图。其优点在于它可以直接利用画笔、橡皮擦等工具对图片进行标注,然后再进行保存。

◆ 图像处理软件Photoshop

Photoshop是一款专业的图像处理软件,功能强大,如多张照片自动生成全景、灵活的黑白转换、智能的滤镜等。制作艺术标题、更换寸照背景颜色等功能,有助于课件制作和个人资料保存。

◆ 迅捷PDF编辑软件

这是一款简洁、易用的PDF编辑器软件,可对PDF页面、PDF文字、PDF背景、PDF水印、PDF页码、PDF标注、PDF表单等进行编辑修改,功能丰富,操作简单。它可编辑文字,还可处理图片、多媒体等内容。

◆ 我要自学网

"我要自学网"提供了大量优质实用的软件教程,帮助我们自学。目前有"电脑办公""平面设计""影视动画""程序设计"等专业软件视频教程,有移动端和Web端两种学习方式。移动端,目录一次性加载避免页面切换,碎片时间随时学习,实时评论在线互动。Web端,内容更加丰富,功能更加齐全。

另外,Focusky动画演示大师、一起备课助手、雨课堂、MindMaster思维导图、几何画板等也是不错的教学辅助软件。大家可以借助这些软件,提高办公、教育教学的效度和趣度。科学技术日新月异,教育技术不断更新,教师也应坚持终身学习。

> **好书推荐**
>
> ### 《信息化环境下的教学设计与实践》
>
> 吴彦文/主编　清华大学出版社
>
> 　　推荐理由：在技术飞速发展的今天，信息化教学逐渐成为主流，虚拟实验室、3D打印、VR已经进入我们的课堂，那我们应该如何更好地适应信息化教学呢？本书结合当前学校、社会现有的技术条件，对网络课程教学、移动教学、基于微信的学习支持服务系统等进行教学设计，并给出实例，具有较强的操作性。本书还对社会性教学软件的安装、应用技巧进行了整理，便于教师选择适合自己的教学软件，更好地组织教学。
>
> ### 《中小学教师信息技术应用能力培训教程》
>
> 方其桂/主编　人民邮电出版社
>
> 　　推荐理由：该书系统介绍了教师在教育教学全流程各环节中如何应用信息技术改善教学效果，提高教学效率。其主要内容包括学科资源的获取与管理、多媒体教学素材的加工、教学文档的编辑与制作、多媒体教学课件的设计与制作、教学微课的策划与制作、多媒体教学环境中硬件设备的使用与维护、学科辅助教学软件的使用、教学数据的统计与分析等，涵盖教学中常用、好用的软件或技术，提供100余个教学应用实例。图解式的讲解易于学习应用，有助于教师在短时间内掌握提高教学效率的有效手段。

第七章
赢得学生喜欢

　　1月,和学生相处了近一个学期,相信你们已经建立起了情感。一个教师要想找到职业幸福感和成就感,必须深得学生的喜欢。如何赢得学生的心呢?本章告诉你秘诀:让学生明白你对他们的关心,创建一个温馨的班级环境,建立班级学生档案等。一定要记住:只有赢得学生的尊重,你才能获得成功!

让学生明白你对他们的关心

> 高尔基曾说:"谁爱孩子,孩子就爱谁。只有爱孩子的人,他才可以教育孩子。"教师对学生的关爱,是连接师生的纽带,是一种巨大的教育力量。实践表明,师生之间情感交流的多少,会直接影响教学质量的好坏。让学生明白你对他们的关心,学生才会对你敞开心扉,才会听从你的教导。

教师,除了承担教学工作,还要担负育人的重任。每一位学生都是一个鲜活的个体,每一个学生都渴望被关爱,只有真诚地爱学生,和他们做朋友,才能成为他们所信任的人,才能让他们爱上你,从心理上接受你,乐于接受你的教导。

怎样表达你对学生的关心呢?

◆ 尽快熟悉学生

能叫出每位学生的名字,并主动和学生打招呼;不吝惜自己的微笑,让学生觉得你平易近人。这样,他们才更愿意和你亲近、和你交往。

◆ 多观察学生的一举一动

在学生需要帮助时及时给予关心和帮助,让他们感受到老师时时处处都非常重视他们,在老师心中有他们的"一席之地"。

◆ 多和家长沟通

了解学生的家庭环境和兴趣爱好,在与之交往时,能找到他们感兴趣的话题,并在教学中助其"扬长"。比如,一位音乐教师了解到一个学生在学习演奏单簧管,在上欣赏课《单簧管波尔卡》时,便请他现场表演一段。他的表演赢得了全班同学的掌声,这让他倍感骄傲,从此更加喜欢上音乐课。

◆ 全面了解学生

善于发现学生的长处,及时给予表扬与鼓励,多用赞赏性的话语、有针对性的语言,让学生感受到老师的关爱。

◆ 对学生一视同仁

公平对待每一位学生,做到"一碗水端平"。不仅要关心成绩好的学生,更要关心成绩不好的学生,换位思考,帮助学生改正错误。

◆ 注意批评时的语气

尽管是批评,也要维护好学生的自尊心,批评的同时一定不要忘记表扬他们的优点、肯定他们的长处,让他们感受到老师对事情一分为二的态度。

◆ 充分信任学生

给学生成长的时间和空间,始终和他们保持同等的地位,不居高临下,尊重他们的个性。

◆ 多给学生展示的机会

在大型活动,如运动会、歌咏比赛、朗诵比赛等集体活动中,给予学生更多展示自己的机会,并鼓励其发挥特长,为班级争光。

案例链接

爱的力量

我是一个喜欢迎接挑战的人,这学期学校安排我做一年级四班的班主任,这让我既兴奋又紧张。兴奋的是,我又一次迎接挑战,可以从中检验我的工作能力和知识储备;紧张是因为我第一次担任班主任,不知道能否成为一名合格的班主任。

在全班42个学生中,有一个小女孩非常特别。她叫榕榕,文静,秀气,衣着干净、整洁,一双眼睛忽闪忽闪的,十分可爱!但她非常胆小、害羞,成天不说一句话,问她什么都是轻轻地点头或摇头,脸上的表情十分紧张、害怕。她的特殊表现引起了我的注意,我想与她沟通,但用尽了所有办法都没有成功,不管我是亲切地、平静地还是严厉地和她交流,她都没有一丝表情,不说一句话,我感到非常失败、懊恼!接下来的几天,我特别注意观察她的一举一动,希望能找到使她说话的突破口。我发现她上课看似特别专心,但从不和同学交流,不参与任何学习活动,不回答任何问题。下课时她总是一个人玩,同学们叫她也不搭理。吃饭时她特别挑食,不仅吃得少,而且吃得很慢,到上午间辅导课时还没吃完。怎样才能在短时间内让榕榕说话,和别人交流呢？这是我当班主任后迎接的第一个挑战，我相信我能战胜这个挑战！于是，放学后我去了榕榕家做家访，了解到她从小就特别胆小、内向，没上过幼儿园，父母特别疼爱她，从不让她做家务，因为她的胃口不好，吃饭总是家长喂，平时很少出门去玩，和父母在一块儿时话也很少。我希望家长能和我一起努力，不仅要让她开口说话，更要让她活泼些、大胆些、独立些，勇敢地与别人交流。

走在回家的路上，我反复思考怎样才能成为她的朋友、成为她非常信任的老师。我想，也许我说话的声音可以再轻一些、再温柔一些，笑容可以再多一些，关怀也可以再多一些。从此，上课时哪怕她并没有回答问题，我也会找一些其他理由来表扬她，比如：表扬她坐得端正、守纪律，文具整洁、干净等。盛饭时我总是先征求她的意见，她喜欢吃什么就给她多盛一些，而且我每天吃完午饭后还把她领到办公室去喂饭。在我耐心、细致的关怀下，她的脸上有了一丝微笑，终于有一天，当我喂她吃饭时，她开口说话了，哪怕只是踮着脚尖，凑到我耳朵边说的几个字"我吃不下了"，也让我激动了好久。我向成功迈出了第一步。

后来，在我们一次次的接触中，她把我当成了好朋友，一下课就跑到办公室门口来看我，有时还主动给我讲她家里的事，于是我逐渐告诉她不要挑食、上课要积极回答问题、下课要和大家一起玩等。慢慢地，她变了，有了自己的小伙伴，上课还主动举手回答问题，还学会了扫地……我和同事们都表扬了她，我还在班上把她评为"进步最大的明星"。有一天，我们在学习《同唱一首歌》时，我问："亲爱的祖国像什么？"她大声地说："像妈妈。"而且还给大家表演了她在语言班学到的儿歌《我的祖国妈妈》，大家给予了她热烈的掌声，她笑得非常灿烂。

一学期下来，榕榕从一个内向、胆小的孩子变成了一个活泼、开朗的孩子，家长笑了，孩子笑了，我也笑了。我想，这就是爱的力量吧！

创建一个温馨的班级环境

> 环境是教育的重要资源，它像一位不会说话的老师，影响着学生的成长。张老师是一位非常注重班级环境建设的班主任，她善于利用环境来育人，例如：她把放大镜、自制天平、磁铁等挂在墙上，激发学生科学探究的兴趣；利用废旧材料制作饰品来装饰墙面，培养学生的环保意识和创造力；读书角、名人墙等，无不发挥着育人功能。大家都说走进张老师的班级，就会被浓浓的艺术气息包围，学生们也非常喜欢自己的教室，张老师也因此年年被评为优秀班主任。

陈鹤琴先生曾说，儿童的发展是离不开环境的，环境越有价值，儿童获得的经验也就越丰富。温馨的班级环境是指诚信、友爱、积极、健康、充满活力的班级环境，它可以增强班级的凝聚力，实现师生和谐、生生和谐。班级不仅要有温馨、舒适的硬环境（班级布置等），更要有温馨、和谐的软环境（师生关系、班级文化等）。创建温馨的班级环境，就是为学生的健康成长创造一个和谐氛围，让教室、校园成为学生们成长的温馨家园。

◆ **重视班级硬件建设，创造美好环境**

◎ "五无"目标。"五无"，即地面无杂物、墙面无污渍、桌椅无刻印、门窗无积尘、卫生无死角。让学生每天轮流打扫教室，培养他们爱护公物和主人翁精神，使他们树立教室卫生人人有责的意识。

◎ "四化"目标。"四化"，即日常管理制度化、行为语言规范化、学习用品摆放定位化、卫生用具无隐患化。班级中可设立很多岗位，如小小卫生员、文明纠察员等。由学生自己认领，并安排值日班长检查落实，每天学生各司其职，为班级贡献一份力量。

◆ **注重班级文化建设，营造温馨氛围**

优美的班级环境，温馨愉悦的班级氛围，会对学生产生潜移默化的影响。创建温馨的学习环境,要着力打造班级文化。可以结合班级的特色(如手工),努力让教室的墙壁会说话,学生的手工作品、作业,都能装饰四壁。这样做,既美化了教室环境,又鼓舞着学生。

◎ 在教室里张贴体现班级精神的标语。这样做,既能丰富教室文化,营造氛围,又能鼓舞斗志,激励学生上进。

◎ 形成班级特色。如以手工特色为主题,定期开展有主题的手工实践活动,让学生动手又动脑,快乐学习,快乐成长。

◎ 设置"图书角""科普角"等。"图书角"里的图书来源坚持"三条腿走路"(学生从家里带书、教师筹备、从图书室借阅),实现资源共享。通过积极引导,使班级逐步形成"人人爱书、人人读书"的良好风气。"科普角"定期张贴科普小知识、展出科技小作品,使学生将学习由课内延伸到课外,拓宽视野。

◎ 重视班级展示栏,发挥其宣传阵地的作用。班级展示栏的自定义板块可以展示学生的作品,旨在充分发挥他们的聪明才智,提高他们的水平,凝练班级精神文化。

◆ 营造温馨育人氛围,让班级成为快乐集体

◎ 老师处理学生问题时应该热情、真诚、公正,不偏袒,讲究实效。

◎ 在学生面前,老师应和蔼可亲,师生之间真诚相待、和谐交流。

◎ 老师应关爱、理解、宽容所有学生。

◎ 学生应用积极的学习态度、良好的学习习惯来回报老师的爱,尊重老师,见到老师主动问好,形成良好的尊师氛围。

◎ 学生之间应团结友爱、互帮互助、共同进步、共同成长。

◆ 实现心灵对话,营造和谐氛围

学生和老师每天可将自己的心情写在便利贴上,贴在墙面"心灵对话"板块,倾诉自己每日的心情和感受,从而加强师生、生生之间的交流。老师看到学生的真情倾诉后,可用留言条进行回复,以示祝贺、鼓励或提出建议等,继而通过开展心理教育的主题班会,使每位学生在学习心理、人际心理、合作心理、成功心理、耐挫心理等方面都能得到不同程度的发展。让全班学生和老师紧密地联系在一起,形成积极、向上、健康的心理。

德国教育家第斯多惠指出:"教学的艺术不在于传授本领,而在于激励、唤醒与鼓舞。"教育是一棵树摇动另一棵树,一朵云推动另一朵云,一个灵魂召唤另一个灵魂。

一个温馨的班级环境,会让学生内心安定,让他们拥有向前冲的力量!

好书推荐

《打造最美的教室——教室环境布置创意设计与典型案例》

洪耀伟/编著　华东师范大学出版社

推荐理由:温馨舒适的班级环境是建立新型师生关系、构建和谐校园的重要基础;是学生实现快乐学习的有效途径;是班级文化的重要组成部分。本书中11个教室布置案例,贴近学生实际,操作性强,分任务、分步骤、分工具手把手地指导基层班主任进行教室环境文化布置,是基层班主任借助环境育人的实用工具书,可以随时学习借鉴,打造自己和学生心中那间最美的教室。

建立班级学生档案袋

> 了解学生在校的学习和生活情况,是每个家长的期盼。虽然说家长会是了解学生的重要渠道,但仅通过此渠道家长了解的还是比较片面的。怎么让学生、家长和教师之间的沟通更有效呢?建立班级学生档案袋是一个好点子。通过师生共建的班级学生档案袋,学生、家长和教师可以一起见证成长。

教师应该如何建立班级学生档案袋呢?

◆ 封面设计

为了激发学生的兴趣,档案袋的封面可以让学生自己来设计,学生们一定会很喜欢这项活动。有老师做过尝试,有的学生把自己最漂亮的照片打印出来粘贴在封面上;喜欢绘画的学生把封面设计得很漂亮,画了自己的画像,还做了边框设计;有的学生直接用文字点缀,在封面上写了一个简单的自我介绍;有的学生在封面上使用艺术签名,旁边还画了漂亮的花朵和白云……每个学生的档案袋都是独一无二的,因为自己亲自参与了设计,也更加爱护,荣誉感更强。

◆ 内容填充

◎ 三个表册

学生档案袋的封面已经完成,接下来就要填充里面的内容。要全面记录学生的成长历程,档案袋里面应该记录什么呢?为了详细记录学生的成长历程,促进学生的个性发展,使他们从小树立自信心,养成良好的行为习惯,可以在档案袋里放入三个表册:身体素质记录册、行为记录册、综合考核记录册。

◎ 六项内容

◇ 思想品德:基于学生的在校表现和在家中的表现,将学生自评、家长评价与教师评价结合起来,最后综合各个方面对学生的思想品德进行总评价。思想品德评价旨在引导学生关注自己的日常学习和生活,也让家长的参与感更强。

◇ 课堂行为:学生的课堂行为可以表现在课前准备、课中参与、课后整理三个方面,学生根据自己每天上课的表现给自己一些评价和建议。

◇ 作业作品:学生可以在档案袋中放置一些自己的参赛作品或者自己完成的作业等,并据此对自己进行评价。

◇ 个人特长:每个学生都有兴趣爱好,有的爱画画,有的喜欢书法,有的跳舞很棒……教师、家长可以在特长评价中了解学生的兴趣爱好,有侧重地对其进行培养。

◇ 荣誉奖励:让学生把在各种比赛或活动中获得的荣誉和奖励积累起来,将复印件放入档案袋里,一学期或一学年后拿出来展示,会有满满的成就感。

◇ 身体素质:要想在成长道路上走得更稳更远,身体素质是绝对不容忽视的。务必让学生重视身体素质,在校认真上体育课,回家后也不忽视体育锻炼,家长也可以参与进来,这既能拉近亲子关系,又能达到健身的效果。学生进行锻炼的记录、体育测试的成绩、运动赛事的获奖情况等,都可以放入档案袋中。

为了让学生相互促进,把档案袋充实起来,建议在班上开展"成长风景线"的成果展示活动,让学生展示自己的收获,体验成功的快乐,并通过欣赏别人、反思自己,知道自己应该做什么、学什么也让家长充分参与学生的成长,为家校共育提供更好的平台。

好书推荐

《聚焦幼儿的学习与发展——幼儿成长档案的创建与运用》
刘健/主编　教育科学出版社

推荐理由:本书共八章,主要介绍了对幼儿成长档案的理性思考、幼儿成长档案的创建准备、如何创建幼儿成长档案、如何运用幼儿成长档案促进幼儿发展、如何利用幼儿成长档案设计高质量的课程、幼儿成长档案的日常管理与研究保障、幼儿成长档案创建与运用的实践体会等内容。书中结合大量案例,重点阐述了创建和运用幼儿成长档案的具体方法,每个案例里都有教师对幼儿行为的详细的观察记录、专业的分析解读以及下一步的重点观察计划等。本书为幼儿园教师创建并运用幼儿成长档案提供了直接的经验,也对提升幼儿园教师保教水平和幼儿园保教质量具有重要的价值与作用。

赢得学生尊重的10条途径

> 还记得电影《老师·好》当中的苗老师吗?还记得那辆贯穿主线的自行车吗?从刚开始学生们捉弄苗老师,偷拆他的自行车,到后来苗老师的自行车被偷了,学生们又全班出动,全城为他寻车,是什么让苗老师俘获了全班学生的心?我想,这不仅是苗老师的人格魅力,更是他对学生永不放弃的爱,赢得了学生们的尊重。

教师的工作,需要长期和学生打交道,处理问题、交流情感等都是最平常的。古人云:"亲其师,信其道。"只有让学生从内心接纳你,他们才会爱上你、尊重你。怎样才能赢得学生尊重呢?下面的10条建议也许能够帮助到你。

◎ 多点微笑,平易近人,和学生做朋友,不要居高临下,不要成天板着一张脸。

◎ 对学生嘘寒问暖,关心学生的生活,在学生需要帮助时第一时间给予帮助。

◎ 做言而有信的人,说到就要做到。比如:说要给学生奖励,就一定要实现;说了今天必须提交作业,就一定要等到最后一个学生把作业交给你。

◎ 做学生的表率。要求学生做到的事情,自己首先要做到。有时可以用行动去引导、教育学生,达到"此时无声胜有声"的效果!比如:自己默默捡起地上的垃圾扔进垃圾桶,不仅给学生作出了榜样,还起到了一定的教育效果。

◎ 关注学生,尊重学生的个性,及时发现学生的点滴进步。多用赞赏的语言、赞扬的语气,不吝惜对学生的夸奖。

◎ 对学生要有包容、宽容之心,在处理学生问题时,多用鼓励性的语言去引导,少用说理式的批评,必须做到公平、公正、不偏袒、以理服人。

◎ 做一个博学多才的老师。不管学生提出哪个方面的话题，你都能接上话，和他一起聊天、一起探讨。

◎ 做一个幽默、风趣的老师。不管是课堂上还是生活中，多点幽默的语言、生动的讲解，能拉近你和学生的距离，让他们爱和你交往。

◎ 要有一定的才艺，如会唱歌、会跳舞、会画画……在课堂上或班级活动中，你能带给学生惊喜。

◎ 课堂上要有精彩的讲授过程，要能吸引学生的注意力，要能在教学中拓展一些课本上没有的知识，或者进行一些学科的融合，让学生爱上你的课。

好书推荐

《一盏一盏的灯》

吴非/主编　江苏教育出版社

推荐理由：书中讲述了60多个朴实感人的教育教学故事，这些故事以小见大，深入浅出，提炼出美丽隽永的教书育人精神、教育教学常识和教师职业道理，展现了一线教师的思考与智慧。每个故事都以叙述为主，还原现场或情境，让读者从中感受到教育的美、爱、责任。这些故事就像一盏盏的灯，能照亮你前行的路。

第八章
有效开展教学

  2月,已经积累了一些教学经验的你,要开始在课堂教学的有效性上下功夫了。不管这个时候是期末还是期初,你都要把修炼自己业务能力的重心转移到研究课堂教学上来。本章将带你告别填鸭式教学,探索课堂教学的有效策略,并在建立小组合作学习模式和开展有效的复习等方面给予你一些中肯的建议。

告别填鸭式教学

> 大教育家陶行知,曾到武汉大学演讲。在演讲开始前,他从身边所带的袋子里拿出一只大公鸡。下面的观众傻眼了,大家面面相觑,谁也不知道会发生什么事情。陶行知先生又不慌不忙地掏出一把米放在桌上,然后按住公鸡的头,强迫它吃米,可是公鸡根本不买账,只叫不吃。接着,他用力掰开大公鸡的嘴巴,把米使劲往它的嘴里塞。大公鸡还是拼命挣扎,不吃一粒米。最后,陶行知先生理了理大公鸡的羽毛,把它放在桌上,自己主动往后退了几步,站到一旁。没过一会儿,大公鸡晃晃悠悠地走过去,自己吃起米来。

初为人师,我们满怀激情;初登讲台,我们激情澎湃。望着一双双求知若渴的眼睛,我们恨不得将自己所学的知识和盘托出。

课堂上,仅有的40分钟,我们口若悬河、滔滔不绝,讲得口干舌燥。满以为学生会聚精会神、学有所获,哪曾想:有的东张西望、云里雾里;有的无精打采、昏昏欲睡;甚至还有的交头接耳、窃窃私语。此时,我们会疑惑:老师那么卖力地上课,学生为什么不领情?其实,这是填鸭式教学在作祟。

填鸭式教学主要有以下特征:

◎ 采用以老师为主导的教学法,学生被动学习;

◎ 以简单记忆和技能反复训练为主,弱化学生自身的思考和理解,完全忽视学生的质疑和创新。

◎ 学生的注意力是被课堂纪律强迫到课堂中的,而不是因为兴趣。

填鸭式教学带来的后果就是:

◎ 学生被动学习导致学习意愿减少,情绪也难以被调动起来,学习效率比较低,甚至可能产生抵触情绪;

◎ 由于老师对学生的学习情况并不了解,所以有部分学生跟不上,有部分学生吃不饱;

◎ 由于强调记忆，忽视独立思考、创新和质疑，学生面对未知问题和挑战时无所适从；

◎ 学生缺乏自律和主动学习的能力。

其实，教育跟喂鸡一样，老师强迫学生学习，把知识硬灌给学生，学生也是不愿意学的，即使学了，也会食而不化，过不了多久，还是会把知识还给老师的。

作为一名新教师，请挥手告别填鸭式教学，告别老师"一言堂"模式，将学习的权利交给学生，充分发挥学生的主观能动性，多一些师生互动，更多一些生生互动。学生乐于学习、爱上学习，这才是教育者最想看到的。

好书推荐

"中小学教师课堂教学技能训练"丛书

孟宪凯，刘文甫/总主编　　天津教育出版社

推荐理由：本丛书选择了中小学教师在课堂教学中必须掌握的10种教学技能，按照微格教学训练的思路，结合大量优秀教师的课堂实录，介绍了各种教学技能的概念、功能、类型、要素、策略以及整合与评价等内容。同时，设计了很多与教师实际教学工作紧密结合的练习，帮助教师形成和巩固教学技能。

丛书共10卷，分别为《导入技能训练》《强化技能训练》《语言沟通技能训练》《提问技能训练》《讲解技能训练》《媒体运用技能训练》《观察技能训练》《学习支架建构技能训练》《组织教学技能训练》《结束技能训练》等。教师可将本丛书作为系统学习教学技能、训练和提升课堂教学水平、提升教研技能、促进专业成长的工具书，还可利用光盘中的配套软件了解自己的技能水平，修正不正确的教学行为。

课堂教学的有效策略

> 一节课结束,走出教室的小魏老师有些沮丧:准备了几个小时,查阅了许多资料,精心设计的一堂课,在课堂上却没有激起几分涟漪,草草完结。她自认为准备充分,知识点都做了全面的讲解与分析,但是课堂效果并不理想。问题出在哪里呢?

作为新教师,你或许也会面临这样的困惑:课前精心准备的教学设计,到了课堂上却难以达到理想的效果。道理其实很简单,就像将菜谱记得滚瓜烂熟的人却做不出一道美味佳肴来一样——因为缺乏实践的策略。当然,课堂教学比做菜复杂得多,这里针对新教师容易忽视的方面分享一些经验。

◆ 让学生完全"静"下来

这个"静"首先是指良好的课堂纪律。在混乱的课堂上,教学是无效的。在课堂管理中,要使巧劲,不使蛮劲。有时一个眼神便能"以静制动",也可以和学生约定口令作为纪律提示,或者直接提醒不遵守纪律的学生,以达到警示全班的效果。

其次,要让学生的心"静"下来,专注于学习。课前提醒学生准备好本堂课需要的书本文具,课上告知学生要掌握的知识、要完成的学习任务,让他们有意识地投入到学习中。

◆ 让学生充分"动"起来

如果学生只是一味地听课,被动地接受知识,学习的效果会大打折扣,也很容易走神、疲乏。教师不妨改变自己的教学策略,变知识的讲解为提问、对话,变单一的"听"为多样化的读、说、写、算、记、问,变个体的"学"为多元互动,即生生交流、师生对话、小组合作等。

例如,在语文的文言文教学中,教师可以让学生在朗读中分辨句子结构,由此理解句意。在数学的解题过程中,教师可以在关键点设置陷阱,让学生发现问题,避免错误。英语的语法知识比较枯燥,教师可以通过师生、生生的对话练习,让学生在具体运用中加以巩固。物理、化学学科,教师则可以通过实验操作或联系生活经验,引导学生思考、提问,主动发现问题并解决问题。

有的策略在教学设计中就要做好预设,有时则要根据课堂情况随机应变。值得一提的是,这样的"动"不是课堂的表面"繁荣",而是学生思维的活跃。

◆ 关注学生的学习状态

新教师在上课时往往关注预设的教学内容是否讲完,容易忽视学生学的情况。

在课堂上,教师要多多留意学生的神情、行为。发现学生走神,可以用提高音量、变化语调、故意停顿等方式作为提醒。如果不少学生的眼神中透露出迷惑不解,则需要了解学生的困惑,解疑释难。课堂上难免会出现学生讲话、做小动作、接话茬等干扰课堂秩序的行为,这就需要教师当机立断,用眼神示意、走近停留、轻敲桌面或有意提问等方式做提醒。学生在课堂上还有一项很重要的任务——做笔记,接手新的班级时,教师就要重视培养学生的这一习惯,在课堂上也要多加关注。

◆ 检验学生的学习效果

简单说来,就是看学生是否能够"举一反三",将知识内化吸收。例如,学习了一个公式或定理,可以检测学生是否能运用于解决具体问题;学习了一种修辞手法,可以考查学生能否在具体的语句中进行辨别赏析,或用于自己的写作;学习了一个英语单词或短语,可以检验学生是否能在具体的语境中进行运用……教师在课堂上要根据学生的学习效果及时调控教学,以达成教学目标。

读到这里,细心的你也许已经发现,要让自己的课堂教学更有效,就要更多地关注学生,立足于学生的"学",即"学"的状态、"学"的方式、"学"的效果。做到了这些,相信你的课堂教学一定能取得实效!

好书推荐

《以学习为中心的课堂观察》

夏雪梅/著　教育科学出版社

推荐理由：由于我们对学生学习的个性差异缺乏研究，很多时候，我们不知道他们在想什么。为了更好地关注每个生命体的个性成长，我们需要进行课堂观察。本书就是在这样立论的基础上告诉我们如何进行课堂观察。这是一本学术性较强的书，它从五个方面，通过观点、例子，阐述了课堂观察的历史、过程和方法。只有深入了解学生，才能真正做到因材施教。

建立小组合作学习模式

> 华东师范大学教授李季湄在《静悄悄的革命——创造活动、合作、反思的综合学习课程》一书的序中说:静悄悄的革命是从一个个教室里萌生出来的,是根植于下层的民主主义的、以学校和社区为基地而进行的革命,是支持每个学生的多元化个性的革命,是促进教师的自主性和创造性的革命。教育这一事业的魅力何在?怎样把学校变成学习的共同体?怎样创造以学为中心的教学?怎样去倾听学生、理解学生?
>
> 创造以学生为中心的教学,既不是追求自主学习,也不是让教师解体为零零散散的个体,而是要在课堂中实现活动的、合作的、探究的学习,要在传统的"阶梯型"课程之外创造"登山型"课程。

英国作家萧伯纳说过:"如果你有一个苹果,我有一个苹果,彼此交换,那么,每个人只有一个苹果;如果你有一个思想,我有一个思想,彼此交换,我们每个人就有了两个思想,甚至多于两个思想。"要让学生的思维在讨论中碰撞,小组合作学习将是不错的选择。

◆ **小组合作有方法**

小组合作的常见形式是围坐式,一般四个人或六个人为一个小组,人数不宜过多。

◎ 小组成员安排要合理

若将几个善于表达的学生组成一个小组,他们将会喋喋不休;若将几个不善言谈的学生编成一个小组,他们将没有办法掀起讨论的热潮……让不同性格的学生搭配,把握优势互补的原则,将会起到事半功倍的效果。例如:外向型学生和内向型学生搭配,张扬型学生和内敛型学生搭配,冲动型学生和安静型学生搭配……实践证明,学生性格互补的学习小组优于学生性格相同的学习小组。

◎ 小组讨论音量要适中

"好,现在开始小组讨论吧!"教师一旦发出指令,整个教室可热闹了,大有吵闹声不绝于耳的气势。全班几十个学生,几十张嘴,在同一时间发出声音,甚至还在比谁的音量大。天啦,整个教室真的是"热闹非凡"!这,压根儿不叫小组合作!为了避免上述情况,教师需要用规则来约束学生。例如:小组内学生一个个轮流发言,一个学生发言时,其他学生得做最美倾听者。第一个学生发言后,第二个学生提出自己的观点,或赞同,或补充,或反对,而不是所有学生七嘴八舌、各说各的。小组内交流的音量仅限于小组内学生听到即可,不打扰其他小组学生。

◆ 小组合作有技巧

◎ 发言顺序有讲究

小组内,如果让几个伶牙俐齿的学生抢先说,将容易的问题解决了,内向或学习稍困难的学生最后去解决有难度的问题,这叫小组合作吗?显然不是!所以,小组长一定要先让不爱发言的学生先说,小组长最后总结或发言。让内敛的学生逐渐尝到学习的乐趣和甜头,才能激发他们的学习兴趣,也才能实现全体学生共同成长。

◎ 讨论结束有约定

教学中,一旦涉及小组讨论时,总会遇到"孙悟空大闹天宫"的现象。"讨论结束""停下来"……老师扯着喉咙喊半天,学生却意犹未尽。于是,老师拿着教鞭敲打着桌子,部分学生终于停下来了,还有部分学生仍然在"高谈阔论"。尤其遇到上公开课或有领导听课的时候,发生这样的情况,你一定会焦急万分却无从下手。别急,我们自有妙计!和学生约定结束暗语,将让你的课堂收放自如。

以语文课为例,和学生约定以古诗接龙作为停止讨论的"暗号"。老师一旦说出一句学生熟悉的古诗,所有学生便立刻接下句,同时停止讨论,并用端正的坐姿示意。如此强化几遍,学生自然就明白了。在强化的过程中,老师千万不要吝啬表扬,这是对他们的肯定。

◎ 坐式变换有要求

围坐式有利于学生之间的讨论、交流,但是,当老师要讲解要点的时候,还让学生这样坐吗?当然是不行的!

与人交流的时候,得看着对方的眼睛,课堂上也不例外!一旦老师讲解的时候,学生就得面向老师,这样交流才更有效。试想一下,我们在讲台上讲得津津有味,而有的学生因为背向黑板,只凭耳朵听,其他感觉器官没有利用起来,没有有效配合,这样的课堂,学生的收获能大吗?

科技快速发展的今天,对合作学习的要求越来越高。促进合作,提高人际交往能力、语言表达能力和独立思考能力,是合作学习需要不断努力的方向。

好书推荐

"寻找中国好课堂"丛书

中国教育报刊社人民教育家研究院,未来教育家研究院/组编

开明出版社

推荐理由:这是一套汇集一流名师"教学设计"的宝典,这是一套展示一流名师"课堂实录"的大全,这是一套分享一流名师"课后反思"的书籍。课堂,因名师分享经典课例而精彩;改变,因你的努力学习而发生。

开展有效的复习

> 期末临近,老师们聚在一起,讨论如何复习。语文老师:我给学生交代了复习内容和重点。历史老师:知识点学生都记住,应该就可以了。数学老师:各种题型多练习,自然就没问题了。英语老师:英语就是要多记、多听写单词、短语……
>
> 你认为他们的复习方法是有效的吗?

"文科靠记,理科靠题",这是许多人都认可的"老复习经验"。诚然,记忆、练习是必要的复习方式。然而,还需要一定的策略和方法,复习才更加有效。

◆ **梳理内容,把握重点**

新课学习后,学生对知识的掌握往往是零散的。在复习阶段,教师可引导学生借助教材目录感知知识脉络,通过绘制思维导图构建知识体系,明确重点和难点。

◆ **了解学情,有的放矢**

要让复习有针对性,老师既要明确知识考查范围、能力要求、试卷难度及结构等,更要明确学生知识掌握度和能力达成情况,尤其要着力于学生的弱项,才能提高复习效率。学生已具备的知识和能力重复训练,没有意义,复习要着力于学生未掌握或不够熟悉的领域。

◆ **分析问题,细致指导**

针对学生在知识与能力方面存在的弱项和问题组织复习,是指导学生有效复习的重要环节。有的老师将大量时间交给学生自己读记或搞题海战术,效果不佳,原因就在于缺乏细致的复习指导。老师要指导学生拟好复习计划,反思错题,提升复习实效。

◆ **反馈结果，检验成效**

通过适度的针对性练习(包括背诵、口语表达、试题练习和实验等)，追踪检验和反馈复习效果，实时采取补救措施，提升学生的解题技能，进一步提升复习实效。其中，古诗文、单词、公式定理、基本观点等的背诵是基础，动手练习是能力提升的着力点。

总之，复习教学不是炒冷饭，是生成性提升，非常重要。老师既要把握学科知识框架，又要进行复习策略和方法指导，这样才能增强复习的有效性。

好书推荐

《高质量作业赏析国际样本》

胡庆芳，杨翠蓉，李爱军，等/编译　教育科学出版社

推荐理由：国外学者在学生课外作业的价值作用、影响因素、适宜时长、类型方式、评价反馈以及家校角色等方面开展了卓有成效的理论和实验研究。本书上篇"课外作业关键问题的国际聚焦"以上述研究成果为基础，以作业设计和研究中必须厘清的问题为线索，重点展示了国际研究的丰硕成果。国外教师同行在教学实践过程中不断探索，设计出了大量富有创意的作业，本书下篇"课外作业创意实践的国际样本"分语言艺术、数学、科学和社会研究四个领域，生动展示了各国教师设计的优秀作业样例，可以助力我国中小学教师开阔视野、拓宽思路，增添本土实践创新的智慧和力量！

第九章
精准指导学习

3月,在修炼自身教学技能的同时,要关注学生的学习状态。帮助学生成为真正的学习者是师者的职责,更是永恒的课题。本章针对培养学生的学习兴趣和习惯、作业设计、作业要求及阅读等方面分享了一些小策略。有些小妙招,你不妨试试!

培养学生学习兴趣的60个妙招

> 陈景润,一位家喻户晓的数学家,在攻克哥德巴赫猜想方面作出了重大贡献,创立了著名的"陈氏定理",被人们亲切地称为"数学王子"。但有谁会想到,他的成就源于对一个故事的兴趣。
>
> 一天,沈元教授在数学课上给大家讲了一个故事。200年前有个法国人发现了一个有趣的现象:6=3+3,8=5+3,10=5+5,12=5+7,…,100=11+89。每个大于4的偶数都可以表示为两个奇数之和。因为这个结论没有得到证明,所以还是一个猜想。
>
> 陈景润瞪着眼睛,听得入神。正是沈元教授的这个数学故事,激发了陈景润的学习兴趣,造就了一位伟大的数学家。

陈景润等无数名家伟人,因兴趣而成名成家的事实,已经证明了培养学生的学习兴趣是多么重要,我们身边也有太多因喜欢而成功、成才的例子。毫不夸张地说,学生的学习兴趣一旦被激发,想不学好都难。

培养学生的学习兴趣贯穿教育教学全过程,需要你的智慧和毅力。兴趣的培养不是一蹴而就的,既需要你每节课的有效激趣,更需要你悄然的、无痕的、巧妙的教育智慧,它必然伴随着学习、实践、思考、再实践、总结、提升等一系列过程。在实践、探索的路上,你必然会经历苦闷与沮丧,但请相信,经过你的努力与坚持,最终会"柳暗花明",迎来兴奋与喜悦。

◆ **兴趣培养可以这样做**

◎ **要让学生爱上你。** 外表干净清爽,服饰得体,接近学生喜好,初次见面就让学生喜欢上你;脸上总是带着亲切的笑意,轻言细语,不轻易发脾气,学生偶尔犯了小错误,你会抚摸他的头,牵着他的手,听听他的解释,这样学生就愿意亲近你;课下停下你的脚步、放下手中的笔,和学生玩一场他们喜欢的游戏,并一本正经地和他们讨论输赢,一视同仁地接受处罚或奖励……这样的你,学生既喜欢、尊敬,还愿意亲近,学生会不知不觉地喜欢上你,进而爱上你上的那门课程。

◎ 要让你的课有魔力。如果你能让课堂知识深入浅出、课堂语言幽默生动,让学生在活动中体验、探索,还能设计寓教于乐的游戏,创编朗朗上口的儿歌……带着学生在知识的海洋里探险,让学生感受获取知识的乐趣,你的课就具有了魔力。

◎ 要让你成为灯塔。浑身焕发着青春的活力,积极、上进,充满正能量,浑身发光,如此,初为人师的你,便是学生心中的灯塔。

◎ 要让生活有意思。在每个节日、每个有意义的日子,带领学生唱首歌、朗诵一首应景的诗、做一张小卡片等;准备一本班级荣誉簿,班级或学生个人取得的成绩,都郑重地记在荣誉簿上,举班欢庆,相互激励,把平凡的日子过出诗意来。

◆ 兴趣培养小妙招

培养学生学习兴趣的60个妙招

1. 让学生像期待节日一样期待你的课	13. 巧设学科展示平台,比如:创办班级作文专刊,提高学生作文兴趣
2. 让学生觉得你教的学科有趣	
3. 把学习内容与学生熟悉的生活相关联	14. 竞赛求知,激励学生争做好榜样
4. 让自己的课堂语言规范且幽默	15. 组建学习组,"学友"互帮互助
5. 让学生自己探索知识,别像灌香肠一样"灌"	16. 制作重点与难点学习卡片,进行班级展示分享
6. 学点儿心理学,探索儿童心里的秘密	17. 字旁打星,积累星星加分奖励,激发学生工整书写的兴趣
7. 从不同角度评价学生	
8. 克制,对训斥、发火、惩罚说"no"	18. 善于找出学生学科中各方面的小优点,及时表扬,让学生更自信,从而让学生更喜欢这一学科
9. 及时发现学生学习上的优点,及时鼓励,适时表扬	
10. 引导学生设置近期小目标,并逐步达成	19. 引导学生看书、看报、看电视、看电影,多积累、多阅读,从生活中培养兴趣
11. 学生最大的快乐就是被老师肯定,学会肯定学生	20. 开展丰富多彩的实践活动、课外活动,从活动中培养学生的学习兴趣
12. 多给学生创造展示的机会,帮助学生树立信心	21. 设置环环相扣的闯关式、挑战式教学环节

续表

22．在学生遇到困难时，及时鼓励学生知难而进、战胜困难	40．因材施教、分层作业
23．善于观察、关注学生，找准机会表扬学生，激发学生在某个方面的特长	41．恰当利用表扬
	42．充分利用游戏、活动教学
24．实行班干部轮流制，让学生找到兴趣，锻炼自己的能力	43．采用直观教具和电化教学手段
	44．创设轻松、愉悦的课堂氛围
25．善用多媒体等现代技术手段激趣	45．巧妙设计作业及练习
26．不断发现学生的闪光点并大力表扬，让学生享受成功的喜悦	46．让学生整理课堂笔记，进行笔记的展示和评比
27．将家里闲置的玩具、学习用品奖励给学生，激发学生的兴趣	47．进行学科小报的评比
	48．持续进行常规训练，将重难点编成律动操，调动学生的积极性
28．分小组、大组开展竞赛式学习，让学生在比中学	49．补充学科励志资料，注重培养学生对学科的兴趣、爱好和情感
29．不断举行各种比赛，如书写比赛、朗诵比赛、讲故事比赛、速算比赛等，激发学生的学习兴趣	50．培养学生的学科感（如乐感、语感、数感等）
	51．给予学生自学能力的展示机会，让学生体验成功感
30．收集优秀作业、笔记等进行展示	52．转变教学观念，给予师生互换角色的机会，充分发挥学生的主动性
31．课外阅读内容以思维导图呈现，班级内交流，培养学生的阅读兴趣	53．实施赏识教育，帮助学生建立自信
32．常往你期待学生的样子方向贴标签	54．让学生在玩中学，将学科知识教学设计成游戏活动
33．每天定时播报时事新闻，提高学生对时事的兴趣	55．开展形式多样的教学，充分激发学生的学习兴趣
34．将好作业、学生表现好时的照片发家长群进行表扬，激励学生	56．重视知识的纵向、横向联系，教学由易到难、以旧引新，降低难度
35．把自己心爱的作品、物件等（如写的文章、手工作品、拿手小食品等）奖励给学生	57．建立完善的学科难点评比体系，比如：英语学科说、记是难点，实行发言加星、合作交流加星、背诵加星、听写全对加星、小组获胜加星等
36．特别的"爱"给特别的他，给"优"和"差"两个极端的学生不寻常的奖励，比如：带他看电影、把自己带的水果分给他、出差给他带礼物等	58．高段学生的学习兴趣，主要靠学习成就感的获得来保持，可以开展"我是小老师"、"学习之星"评比、"我的成绩进步了"等活动
37．为每个学生设定不同的劳动项目，让学生在劳动中获得成就感	59．特别的关爱与关注，可以提升中等生和学困生的学习兴趣
38．努力发现学生的优势潜能，为学生贴上标签（如小音乐家、小作家等），激发学生的特长兴趣	60．班级座位巧安排，科代表巧设置
39．把后进生变成自己的"哥们儿"	

上述激发学生学习兴趣的方法有的是立即见效的,你可以尝试着用起来,同时可以加以创新。记住,要用多种方法教一个班(一个人),而不能一个班(一个人)用一种方法。作为新教师的你,先选几种适合你所教年级、适合你所教学科的方法试试吧!

工具箱

我在第一年想试一试的妙招和自创的方法

我想试一试的妙招	我也有培养学生学习兴趣的方法

培养学生50个好习惯

> 一家跨国公司招聘员工,一些学历水平、身高相貌等客观条件都很不错的年轻人,过五关斩六将,进入最后一关——面试。可是,未曾想到,没有提问,没有出题,短短几分钟,他们都失败了。原来总经理借故离开了5分钟,这些年轻人便得意非凡,围着总经理的大写字台,看看这个材料,翻翻那个文件。
>
> 5分钟后,总经理回来了,他宣布:"面试结束。"大家很纳闷。总经理解释说:"很遗憾,你们没有一个人被录取,因为公司从来不录取那些乱翻东西的人。"这些年轻人听了觉得很惊讶:"我们长这么大,从没觉得翻翻别人的东西是多大的错,哪有这么严重!"

看到这个案例,或许你也会很疑惑。我非常认同这家公司选人的方法技巧和标准,知识、能力的确非常重要,但习惯也有举足轻重的作用。美国心理学家威廉·詹姆士曾说:"播下一个行动,收获一种习惯;播下一种习惯,收获一种性格;播下一种性格,收获一种命运。"习惯可以决定一个人的命运。你今天帮助学生养成的良好习惯,将会成就他的未来。新入职的你将承担起培养学生好习惯的责任,你知道怎么培养吗?

◆ **好习惯养成的六大步骤**

步骤一:引导学生认识习惯的重要性。我们可以通过讲故事、分析案例等各种方式,让学生切身感受到习惯的重要性,自觉自愿培养良好习惯。

步骤二:共同制定行为规范等。与学生一起讨论制定班规、家规、习惯培养目标等,让学生自己觉得习惯很重要,愿意养成好习惯。一定要发动学生、同班的其他老师以及父母积极参与规则规范等的制定。

步骤三:进行榜样教育。榜样的力量是无穷的,榜样教育是一种不错的教育方法。一个好习惯开始训练时,先以杰出人物为榜样,训练几天有一定效果后就以身边的人为榜样。

步骤四:持久地训练。好习惯是训练出来的,不是三天打鱼两天晒网能养成的,一口吃不成一个大胖子,一个行为习惯的养成需要训练21天以上。你可以将一个习惯分成若干容易达成的小习惯,并按5天一个阶段让学生进行扎实训练。这里,推荐"21天自律训练法":第1~5天,从第一个小习惯开始;第6~10天,用新的行为代替旧的行为;第11~15天,找好自己的环境场;第16~21天,给自己一个等待期,学会慢下来。

步骤五:用评价手段作保障。没有评价作保障,习惯很难形成。你可以采用多种技术手段来辅助学生习惯的培养并坚持评价。

步骤六:形成良好的集体风气。在习惯养成的过程中,谁出现了好的行为,就能得到鼓励、支持、欣赏;谁有不良的行为出现,大家都会反对。这样的集体风气对一个人良好习惯的养成和发展是非常有意义的。

◆ **习惯养成清单**

为了让自己班级的学生有好习惯,建议你根据下面的习惯清单有计划、有步骤地进行培养。

培养学生50个好习惯

1.培养低段学生听课堂口令、执行课堂指令的习惯	11.培养学生课前诵读(读报、讲故事)5分钟的习惯(每日抽学生上台展示)
2.着重培养低段学生的倾听习惯,使学生做到四到:眼到、手到、口到、心到	12.培养学生"会听、会看、会想、会问"的"四会"习惯
3.培养学生又快又好的书写习惯	13.培养学生规范的书写姿势及工整书写、格式规范的书写习惯
4.让学生从低年级开始养成讲普通话的习惯	14.培养学生态度认真、独立完成作业的习惯
5.培养学生倾听、聆听、视听一致的习惯	15.培养学生每天坚持读数学书上的概念、公式(学会自己整理知识点)的习惯
6.培养学生思考后发言的习惯	
7.培养学生倾听同学发言的习惯	
8.培养学生在与人交流时注意眼神交流的习惯	16.培养学生每个单元学完后绘制思维导图并进行小报展示的习惯
9.培养学生欣赏同学发言优点的习惯	17.培养学生及时订正、及时纠错、整理错题集的习惯
10.培养学生严格按要求答题的习惯	

续表

18. 培养学生一边听课、一边划重点、记重点的习惯	36. 培养学生积极合作、乐于交流、乐于分享的习惯
19. 培养学生学前预习、学后复习的习惯	37. 培养学生认真读题审题、全面准确地提取信息(重要信息作标记、多个要求标序号等)的习惯
20. 培养学生制订学习计划表、合理安排时间、专时专用的习惯	
21. 培养学生睡前回顾当天学习内容,并进行反思的习惯	38. 培养学生规划时间、做简单的时间计划的习惯
22. 培养学生课前准备的习惯	39. 让学生养成写日记的习惯,积累写作素材
23. 培养学生拓展学习的习惯	
24. 培养学生做作业和考试时边勾画(尤其要圈出题目要求和重点信息)边做题的习惯	40. 培养学生有序交作业的习惯
	41. 培养学生勤查工具书的习惯
25. 培养学生课堂总结及归纳整理的习惯	42. 培养学生乐于表达的习惯
26. 培养学生及时收拾抽屉、整理学习用品的习惯	43. 培养学生先复习当天知识再做作业,并独立完成作业的习惯
27. 培养学生晨读等良好的朗读习惯	44. 培养学生给家长讲题的习惯
28. 培养学生认真检查、验算的习惯	45. 高段学生着重巩固良好的英语学习习惯,以加减星的方式记录学习情况,并一月一评
29. 培养学生遇到问题请教老师、不把问题留回家里的习惯	
30. 培养学生轻声说话、爱护嗓子的习惯	46. 培养学生每天睡前把第二天要用的东西准备好的习惯
31. 鼓励学生自主编创歌词(体操、故事)等	
	47. 鼓励学生自己总结解题方法并进行讲解,培养其综合运用习惯
32. 鼓励学生至少拥有一种艺术爱好、正确排解情绪	48. 培养高段学生可持续发展的英语学习习惯,包括每日阅读打卡、英语角交流展示、四人小组自主合作学习等
33. 培养学生每天阅读课外书不少于30分钟的阅读习惯,根据年段不同,同时积累好词好句、学习写法等习惯	
	49. 培养学生不找借口、不责怪别人的习惯
34. 培养师生共读、亲子共读的习惯	
35. 培养学生的背诵习惯(用背诵、复述、情境表演等形式加强记忆)	50. 培养学生每天口算的习惯

根据你教的学段,有序地培养学生的好习惯,先和学生商定习惯目标,把你们商定的结果排个序,然后脚踏实地地去做。

◆ 我要培养学生的好习惯

我和学生商定的习惯目标及我的收获

我们商定的习惯目标	我的收获

星光不负赶路人,勤奋耕耘方致远。有了好习惯作保障,你会越教越轻松。快乐地开启你幸福的教学之旅吧!

好书推荐

《知心育人——适合每位教师的心理健康教育指导手册》

董奇/主编　教育科学出版社

推荐理由:这套书分小学版和中学版,聚焦教师工作中的常见问题和难点,帮助教师更好地理解和解决学生情绪、行为、学习、交往、个性等方面的问题,能够为教师在班级管理、课堂教学、活动组织、师生交流、家校协同等学校教育的各个环节中呵护学生身心健康、促进学生全面发展和可持续发展提供科学有力的指导。

对作业应该有要求

> 20多年前，一位朋友移民加拿大。他的小女儿进入幼儿园后，园长给她布置的第一道作业题是：从今天开始，每天收集一粒种子，一个月以后，将所收集的种子向小朋友展示，并作一个报告。一天、两天、三天、四天，都没有什么问题，但是越往后问题越多，难度越大：种子是什么啊？种子在哪里？种子怎么保存、收藏？怎么向小朋友汇报？如此等等，考验着小朋友，同样也锻炼着小朋友。在这个过程中，积淀的不只是知识，还有能力、耐心、毅力等。这样的作业看起来很简单，其实难度很大、内涵很丰富，是一项具有挑战性的作业。

设计和布置作业是教学的重要环节，提高教学质量必须加强作业管理，优化作业设计与编制。现实中，特别是小学中高年级和中学，作业即"刷题"！作业成了简单的、机械的、重复的知识背诵和技能操练，甚至是教师惩罚学生的手段。师生在茫茫题海中争渡，憔悴了身心，偏离了核心素养培育的要求，扼杀了学生的天性和创造性，也泯灭了教师的研修热情，挫耗了教师的活力……曾经的你，可能也是受害者；今天的你，准备给学生安排什么样的作业？作为教师，我们应有"李杜诗篇万口传，至今已觉不新鲜"的质疑，要有"纸上得来终觉浅，绝知此事要躬行"的研学态度，这样才能有"江山代有才人出，各领风骚数百年"的风流！

◆ 对作业的再认识

◎ 作业是什么

作业不仅是教师为学生掌握知识与技能等目标的达成而布置的任务，更应该是教师为学生提供的自主学习、探究与体验的机会，是有助于学生身心全面发展的经历。

◎ 作业研究的维度

五个功能：唤醒学生已有的知识经验，创设真实情境促进学生知识的自主建构，让学生在经历知识建构的过程中形成、提升素养；推动学生在运用知识解决实际问题的过程中巩固知识,在解决实际问题的体验中提升素养;激发学生在经历知识建构、知识应用、解决问题的过程中质疑创新;是"双减"下的"学历案"[①];让学生获得成功,激发学生的学习动力。这五个功能缺一不可。

三个流程:扪心自问—执经叩问—敢于质问。反思对于培育学生核心素养非常重要,"三问"是学会反思的有效途径。

三大类型:课时作业、大单元复习作业、生活实践作业。

三对关系:一是作业时间与成绩的相关性关系。在一定限度内,作业时间与学生成绩成正相关,家庭作业的积极作用大于消极作用。但是当作业量超过一定限度时,作业时间与学生成绩不再成正相关。美国有学者研究得出:一至三年级的小学生每周作业时间应控制在45分钟左右;而对于四至六年级的学生,每周作业时间应控制在60~80分钟之间;对于初中生来说,每周作业时间应控制在225~375分钟之间。这样的作业量较为科学,普遍适合各个年龄段学生的发展。二是习题与试题的关系。试题的功能主要是甄别(选拔人才)和指导教学,而习题要体现建构和培养功能,即帮助学生完善知识建构,学会知识应用,培育各种能力,养成良好态度,提升学科核心素养。试题的设计思路是考学生会不会,将知识杂糅后体现思维的提升;习题的设计思路是怎样让学生会,相互关联地设问,让学生学会做。因此,研究习题和试题也是教师应该具备的能力。三是作业与家长、学生、学校的关系。作业是家长、学生、学校之间联系的纽带之一。

四种属性:游戏活动属性、训练属性、学习属性、课程属性。

多种形式:情境描述、模型建构、论述推演、方案策划、动手实践、质疑创新等。

◆ **作业要做些什么?怎么做?**

◎ 精心设计作业

作业设计要目标明确、重难点突出;符合实情,关注差异;巧设三问,形成素养;精选(研)习题,提升素养;动静融合,创生智慧。具体如下。

[①] 学历案的提出者——华东师范大学教授崔允漷认为:学历案是教师为儿童意义与价值的习得(经验增长)而专门设计学习经历的教学方案。它是专业的助学计划,是认知地图,是学习档案,是互动的文本,是检测依据,是集教、学、评于一体的指导性方案。

脑中有"纲"："纲"即学科课程标准、学段教学目标、单元教学目标、课时教学目标。

眼中有人：要明确是谁做作业、做什么样的作业，要关注学生的差异性，要科学设置作业层次，让学生在同一时间、同一作业单上有自主选择的作业项目，让每个学生都有收获。但教师不必执着于作业的过度分层和对个人的强针对性，有些人提出的"作业分层、私人订制"，会导致作业用时用力过多、实效性差。

心中有数：作业设计素材、形式要因地制宜，努力优化和创造条件，但绝不一味追求高大上，朴素也是一种美。静态的纸质作业和动态的实践作业，谁都不能少，谁都不能多。动生智，静生慧，动静融合生智慧。不要认为搞几项实践作业或几个社会活动就是落实了"双减"，就提升了学生素养，要警惕新的作业负担过重。

◎ 习题精研

不要过度依赖教辅资料或名校名题，有的教辅资料是基于"育分"的考核评价体系而打造的，大量的习题着重于知识运用，忽视知识的建构过程，忽视素养提升，忽视学习的三大核心环节：知识的建构过程、知识的运用过程、发现新问题质疑创新的过程。

什么样的习题才算是好习题？把知识应用到具体问题上并不是目的，学生作业的目的是通过知识应用的过程提升核心素养。

◎ 融会贯通

呈现给学生的作业要形成文本，结构上体现以问促思，让学生在"扪心自问"中追溯知识建构，弄清知识的"来龙"，实现让学生学会知识、形成技能的目标；在"执经叩问"中理清知识的"去脉"，让学生学会知识应用、掌握技能技巧、形成能力；在"敢于质问"中自主创新，提升核心素养；通过"三问"，将课堂学习、课后复习反思、知识运用与实践、质疑创新的学习活动融会贯通，将知识、生活、社会融会贯通，融会的力量保证减量不降质，融会的力量护航育人的方向。

◎ 科学管理

作业布置：切忌把作业作为惩罚的手段。布置作业不能靠一时冲动，每一项作业的目的是什么要有周全的考虑，作业时间要充分预估；严格落实"双减"要求，作业绝不超量，非必要不布置课外书面作业。

作业回收:及时完整。什么时间收、谁收、未交作业记录等要统一。作业要一个不落地全收。

作业批改:及时规范。批改作业一律用红色笔,要有批改日期、订正要求、评语等,书写要规范、工整、清楚。评语应具有鼓励和指导作用,批改应有记录且详细。

作业反馈与评讲:如果不是在课堂上完成的作业,请你不要指望全是学生认真独立完成的!承认并赞扬学生在完成作业时所做的努力,倾听学生诉说他们在完成作业过程中的各种体验;对学生未完成家庭作业的借口及合情合理的理由,教师必须作出区分。讲评作业的一般流程:自查自纠—合作探究—发现问题(自己存在的问题)—教师点拨—自主整理(记录、订正、反思)—针对练习。

建好学历案:引导学生做好作业的整理,形成学历案。

案例链接

以初中物理为例的习题对比分析

一、两类习题

习题甲:如图1所示,轻质杠杆 OAB,$OA=2AB$,在 A 点悬挂一重为60 N的物体,作用在 B 点竖直向上的力 F 使杠杆在水平位置平衡,则 F 应为多大?

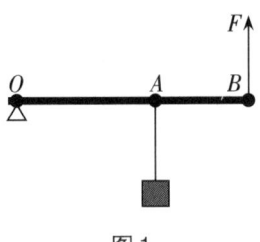

图1

习题乙:"三九天,杀年猪,好过年!"这是说农村过年前杀年猪的情境。去年小明在老家的爷爷奶奶养了一头猪,杀猪时想称一称猪有多重,于是大家用家里的杆秤进行称量,发现将秤砣移到最大刻度处也不能平衡,原来家里的杆秤最多只能称180斤,估计这头猪至少有300斤,这可难坏了爷爷。在大家七嘴八舌地讨论这个难题时,只见小明爸爸找来了一根坚实的木棒,大约1.5米长,将其一端固定在高约0.5米的石阶上(如图2所示),将秤砣移到162斤的刻度线上时秤杆在水平位置平衡。最后用钢卷尺测出了两个长度,通过计算得出猪的质量。

(1)小明爸爸是怎么用这杆秤称出猪的质量的?要求建立模型图说明。

(2)请你求出猪的质量的数学表达式,表达式中的物理量必须是已知或测量出的。

图2 (江一平 绘)

二、设计意图分析

习题甲是以知识应用为目的的习题,仅仅是为了让学生学会知识的应用,这是很多教辅资料中常见的题目。情境是理想模型,数据是题目直接给的,理论与实际脱节,学生只需要运用杠杆平衡推演出结果即可得分。

习题乙以提升素养为目的。情境由生活中的真实素材构成,有利于学生利用现实的条件解决实际问题,培养学生用物理观念解决实际问题的能力;学生需要自己建立模型,寻找证据,科学推理,自行设计测量方案;学生经历模型建构、测量和解释过程(涉及设计方案、测量技能、减少误差的方法),有利于培养模型建构、科学推理、科学论证等科学思维素养,增强证据意识,提升设计方案、解释等科学探究能力;数据是真实的,能让学生了解与杆秤有关的传统文化,理论与实际相联系,让学生感受中国古代科学的魅力,提升学生的责任素养。

学生不按时交作业怎么办

> 张老师当教师的第一年遇到的最棘手的问题就是学生不交作业。他说收班里几大"金刚"的作业比登天还难,他们不交作业有千奇百怪的理由,要么是忘带了,要么是撕烂了,要么是忘做了,要么干脆说不会做……张老师说:"如果我可以代替他们做,我宁愿自己帮他们做了。唉,太头疼了!"

张老师的苦恼,或许你也会遇到。作业,是学生复习巩固已学知识和老师了解学生学业情况的有效途径。但是,一些学生常常不按时交作业,为了逃避交作业,甚至想尽各种办法来应付老师。面对这种情况,老师应该怎么办呢?

一般情况下,学生不交作业主要有两个原因:一是学习能力不足。学生没有办法快速把作业写完,确实是因为知识掌握得不扎实不会做、写字很慢等,写作业的时候觉得困难,就不爱做作业。二是学习动力的问题。家长为他们提供的生活条件太好了,他们找不到学习的动力,家长平时又不会教育,也不会引导沟通,久而久之,他们就懒得做了。

弄清楚原因后,我们可以根据不同的情况进行教育引导。下面的方法,大家不妨尝试一下。

◆ 亲其师,信其道

关爱学生,让学生喜欢你,让学生喜欢你所教的学科,自然也就乐意交你布置的作业。

◆ 优化作业设计

老师布置的作业应精雕细琢,让每名学生都有会做的作业、感兴趣的作业,进而爱做作业。

◆ 拟定作业规矩

第一次布置作业,就与学生定好规矩,如怎么做作业、怎么交作业、何时交作业、未完成作业如何惩罚等,让学生形成契约意识。

◆ 对症下药

关注学生个体差异,找准原因,谋划对策。坚持原则不让步,少惩罚多肯定。

◆ 及时提醒与催收

交作业之前,科代表要做到及时提醒并催收,让学生养成良好的行为习惯。

◆ 及时批改和讲评

完成作业后,学生希望得到老师的肯定和指正。若老师经常不对作业进行及时批改和讲评,久而久之,学生就会养成不完成作业的习惯。

◆ 有奖有惩

合适的奖惩是必要的。对作业完成及时且质量好的学生,可适当表彰,激励其不断进步。对未按时交作业或作业质量差的学生,可让其重做一次或安排他负责收取下一次作业。

◆ 寻求沟通媒介

通过一定方式(如"数学周记")建立起与学生心灵交会的桥梁,用诚心、爱心和耐心唤醒学生的自觉性和学习热情,纠正学生长期不完成作业的不良习惯。

◆ 家校互动

指导家长管理学生作业,保证老师与家长的信息畅通、意见统一、形成合力,确保学生的作业意识、态度、效果和学习结果呈正相关。

好书推荐

《学科作业体系设计指引》

教育部基础教育司义务教育高质量基础性作业体系建设项目组/编著

教育科学出版社

推荐理由:新课标背景下如何理解作业设计?如何设计基础性作业和跨学科作业?如何让作业成为学生自主选择和自主学习的过程?如何让作业成为实现课堂减负增效的重要抓手?针对老师们的困惑和疑问,《学科作业体系设计指引》为你做了贴心的解答。

有创意的家庭作业

> 一提到家庭作业,不少老师会血压升高。关于家庭作业,充斥着太多的抱怨声:学生抱怨自己没时间,家长抱怨孩子太累,老师抱怨有些学生根本不做家庭作业……这样的矛盾冲突,如何解决呢?

有创意的家庭作业,能让学生发自内心地喜欢做作业,积极应对必须面临的学习挑战,承担应有的学习任务。如何设计有创意的家庭作业呢?这里给刚入职的新教师们提一些小小的建议。

◆ **美化作业本封面**

喜欢作业从喜欢作业本封面开始,允许、提倡、鼓励学生对作业本封面进行个性化、有创意的设计。比如:摘抄一句自己喜欢的名言、格言,用彩笔画上一幅与学科有关的图画……

◆ **老师或家长给作业写寄语**

老师或家长可在作业本第一页给孩子写一条真挚的作业寄语,以表达自己对孩子作业的鼓励、期盼之意。

◆ **用作业绳套**

可以让学生把已批改过的作业用绳套套起来,老师一下子就可以翻到当天需要批改的地方。

◆ **设立班级作业协调员岗位**

若学科老师之间缺少必要沟通,难免会出现作业总量某天过多或过少、"旱涝不均"的现象。为了保持作业量基本平衡,可以设立班级作业协调员岗位,其职责是:向学科老师通报作业信息,反馈学生心声,协调班级日作业量,避免学生做作业忙闲不均的现象。

◆ 设计学生感兴趣的作业

　　学生对周围的事物以及未知的知识充满好奇心,在好奇心的驱使下会全身心地去探索。教师在设计作业的时候,要抓住学生的这个特点,设计出趣味性强的作业,充分激发学生积极完成作业的欲望,以及学生的创新潜能和学习潜能。趣味性强的作业还可以使学生始终带着轻松愉悦的心情高效率地完成教师布置的作业,学生的心理负担就会大大减轻。

　　例如:在学习古诗词课后,可以让学生自选积累相关类型的古诗。如学习《静夜思》后,可让学生收集和积累关于故乡的古诗;学习写景文章后,可以让学生自选一些关于风景描写的文章。自选作业还可以是讲故事、绘画、唱古诗等,这样既可以发展学生的兴趣爱好,也可以使学生积累的范围更广泛、更有层次,实现学生个性化发展。我们还可以联系生活实际为不同学段的学生设计有创意的家庭作业。

◆ 作业本设检查栏

　　作业本设检查栏,学生完成作业后,直接进入检查环节,对所做的题,标注哪些试题有把握一定对,哪些试题不能判断正误,这样有利于养成检查作业的习惯。

◆ 共同商定奖励内容

　　老师可以和学生共同商定奖励内容,对表现优秀的学生进行奖励,如奖状、学习用品、免作业卡等,激发学生的学习兴趣。

◆ 订正新举措:尝试给同伴讲两遍错题

　　有些学生订正错题时直接将老师在黑板上的板书抄下来、记下来或者模仿套用下来。这不是真正理解,建议让做错题的学生先在纠错本上规范订正,然后再把这道题分别讲给两名同学听。

◆ 贴上一份作业累积评价表,开展晋级链条评价

　　依据不同学生的年龄及心理特点,对学生的作业采取不同的评价方式。比如:我们可以在小学生作业评价表里加盖小红花、五角星、小红旗或小奖杯等印章,使之组成日、周、月、期连环评价。采用这招,学生就可能一直保持进步。

案例链接

四年级学生创意寒假作业示例

主题：团圆重逢喜相拥　虎虎生威春意浓

活动一：春节喜洋洋　年俗知多少？

1. 制作一份有关虎年的手抄报。(A4纸)

2. 写春联，剪窗花，画年画。

活动二：书香漫童心

1. 搜集、积累有关虎的成语、歇后语、古诗、小古文等。

2. 假期里，希望你能与书为伴，和家人共享读书的快乐，把你最感兴趣的故事讲给家人听。

活动三：千里之行　始于足下

预习第一单元。预习要求：

1. 读课文，遇上生词难字，借助字典等工具书学会弄懂。不懂的地方圈画出来，学新课时重点学习。把自己的不懂之处或独特感受记录在书的空白处。

2. 搜集有关田园生活的诗词、谚语、格言等，制作画配诗。(A4纸)（选做）

活动四：年夜饭　我来做

1. 向家长请教，学做一道菜，并练习，将它变成自己的拿手菜。

2. 在年夜饭桌上，介绍自己做的菜，并给自己的这道菜取一个名字，表达吉祥祝福的寓意。

3. 恭请长辈先品尝这道菜，表达对长辈的尊敬。

4. 为自己的这道菜配上一句诗，表达对美好生活的赞美。（选做）

活动五：精彩寒假我分享

1. 自主选择拍照、录像、发微信朋友圈、发抖音等自己喜欢的方式分享寒假生活的精彩之处。

2. 为自己小组的小伙伴点赞。

帮助学生提高阅读能力的策略

> 小美老师常常听到家长向她抱怨:"我天天都押着学生看课外书,可是学生的阅读能力却没有明显提高,考试阅读题还是错得多。"小美老师也发现,班上学生的阅读能力差异很大:有的学生一目十行,很快就能读完一本书;有的学生却半天看不完一页,也不明白意思;更有甚者,有的学生数学、物理材料题丢分,居然是因为没读懂题目。小美老师很困惑:我要用什么办法帮助学生提高阅读能力呢?

阅读是人类获取知识的主要途径,对提高学生的素质、健全学生的心灵与人格有着重要的作用。我们可以采取以下策略提高学生的阅读能力。

◆ 注重课内阅读方法指导

◎ 基础阅读(适合低年级的学生)

基础阅读要求学生:通读全文,了解全文大意,利用工具书,结合上下文自学生字词,从整体上初步把握文章的内容,同时对文章的语言、结构、写作目的有一个大致的了解,为进一步深入理解课文打下基础。

◎ 检视阅读(适合中年级的学生)

检视阅读要求学生:按自然段边读边想,弄清句与句之间、段与段之间的关系,进而掌握文章的中心思想;做到读懂内容,理清思路,通晓全文;在阅读中发现问题,提出疑难,深入思考;同时,对课文的重点段落和美词佳句进行仔细揣摩,体味文章的思想感情。教师可用阅读答题的方式检测学生是否读懂文章。

◎ 分析阅读(适合中高年级的学生)

分析阅读要求学生:首先要对文章进行分类;再了解文章的架构,分析文章的表现形式和写作技巧,吸取文章的精华,进一步加深对全文的理解;最后判断作者的主旨。

◎ 主题阅读(适合高年级的学生)

主题阅读是一种针对同一主题,在一定时间内阅读大量图书的方法。它可以有效避免零散阅读所造成的知识遗忘、思考重复而不深入的问题。我们可以采用以下步骤引导学生进行主题阅读:

第一步:精心筛选内容,不同角度提炼主题;

第二步:创设教学情境,促使学生感知主题;

第三步:促进交流,促使学生深刻剖析主题;

第四步:实践拓展,强化学生主题阅读技巧。

◆ 加强课外阅读能力的培养

◎ 从故事入手,激发阅读兴趣

学生最爱听有趣的故事,我们可以选择有趣的故事,生动形象地进行讲述,在学生听得津津有味之时,再引导他们自己去阅读。

◎ 巧借课文内容,推荐课外读物

根据课文内容,指导学生阅读同类型的文章或著作。比如:语文课学习了《赤壁之战》《草船借箭》后就向学生推荐《三国演义》,学习了《丑小鸭》后就向学生推荐《安徒生童话》《格林童话》等。

◎ 创造条件,开展活动,形成阅读氛围

借助学校开放阅览室的好条件,开展读书活动。周末少留书面作业,给学生足够的时间读书,培养学生做读书笔记或内容摘记、写读后感的习惯。

◎ 结合经典诵读活动,引导学生积累古诗词名篇

学校开展的经典诵读活动,为学生提供了阅读和积累古诗词名篇的大好平台。除了让学生参加学校开展的经典诵读活动以外,我们还可以采用以下几种策略:

一是要求学生每周的读书笔记中必须有一篇是古诗词名篇;

二是在班级开设古诗词书画角,展示学生的优秀书画作品,优化教室的人文环境;

三是每周五的早上晨读,内容为朗诵经典,对优秀的学生给予表扬和奖励;

四是随机开展"以文会友"的经验交流活动。

资料宝库

学校应该如何培养终身阅读者

◎ 要致力于书香校园建设。良好的氛围营造和机制建设是保障和前提。

◎ 教师是书香校园建设的示范者和引导者。不爱阅读的教师很难教出爱阅读的学生。当前,教师阅读状况不容乐观,许多教师的阅读仅限于教材、教参,所以,推动教师阅读是唤醒教师内在成长愿望、滋养教师心灵的最好途径。

◎ 确保学生的自主阅读时间。从制度上保障学生有足够的阅读时间和自由阅读的选择权,从而激发学生阅读的兴趣,进而形成阅读的习惯。

第十章
智慧管理班级

  4月,当了10个月教师的你,估计在管理学生方面有些收获,同时也遭遇了一些困境。对于新教师而言,处理学生行为问题应该是较为棘手的事情。本章将带你认识学生管理中新教师易犯的10种错误,告诉你解决课堂纪律问题的有效策略、班级管理的方法,让你知道决不允许发生的学生行为等。总之,学生管理需要爱心和耐心,更需要智慧!

学生管理中新教师易犯的10种错误

> 13年前，林老师第一次站上讲台，学生们安静地坐在教室里。林老师告诉自己：一定要成为每个学生都喜欢的老师。课堂上，她总是面带笑容，即便学生违纪了，她也一笑置之，轻描淡写地提醒。课堂下，她当起了学生的知心姐姐，与他们一起聊天、一起运动、一起吃饭……殊不知，在她无比"温柔"的管理之下，这群小可爱化身成了"小妖怪"。班级纪律一团糟，她开始被逼严厉起来。然而，由于她一贯"温柔"，突然的"严厉"收效甚微。第一学期在仓促狼狈中结束了，班级各项评比都是倒数，她也多次被领导叫去"谈话"。唉，她以为"温柔"地靠近学生，就可以让他们喜欢她，这未免太天真了！

相信每一位老师心里都有一种渴望：每一个学生都喜欢我，那该多好呀！于是，有些老师往往瞻前顾后：我这样做会不会让学生反感？我那样做会不会让学生对我有意见？怀揣着这样的担忧，新教师在处理学生问题的时候，往往容易犯一些错误，走一些弯路。今天，我们就来梳理一下学生管理中新教师易犯的10种错误。

◆ 亲密过了度

作为新教师，年轻是资本，学生知道的话题几乎都知道，学生懂的那些"梗"兴许也懂，于是，很快就可以和学生打成一片，甚至与学生成了"兄弟伙""姊妹伙"。看似与学生亲密无间，很讨学生喜欢，可是，一旦要批评学生时，却因为磨不开情面，自己先败下阵来。所以，要与学生保持适当的距离，也不要期望每个学生都喜欢你。老师和学生保持适当的距离，更有利于处理一些棘手的问题。

◆ 严厉过了头

年轻的你，是不是也有这种担忧，害怕管不住学生，于是从和学生见面的那一刻起，就故意板起面孔，一副"生人勿近"的模样。其实，大可不必如此焦虑，我们要做的是对学生严格，而不是"凶狠"。只要我们对每件事都有自己的原则，学生自然会心存敬畏。我们可以先与学生商定好规则,比如:自习课不能随便进出教室,上课不允许打瞌睡……只要违反了就要按规则处罚,不能只是随意说一句"下次可不能这样了"了事。惩罚了学生后,一定要记得在合适的时机再给他一颗甜枣儿,"打一打、揉一揉",更显老师之智慧。

◆ 想象太美好

　　班上几十个学生,每个学生的原生家庭和起点不一样,或许你希望每个学生在你的引领下最后都能成功成才,实际上,理想很丰满,现实很骨感。有的学生的进步看得见,有的学生却是"油盐不进"。这个时候,你可能会有深深的无力感。每位老师可能都会遇到这种情况:想要改变一个学生,拼尽全力却发现收效甚微。没关系,年轻的你,不要太苛责自己。只要你已经努力过,那就要原谅自己。教育不是万能的,我们尽力而为就好。

◆ 表达喜欢太直白

　　学生最反感老师哪种行为?经过调查发现,"老师不能公平地对待每个学生"名列前茅。虽说老师对学生应当一视同仁,但现实中,很多时候老师总是会偏向于乖巧上进的学生。如果你要表达对一个学生的喜欢,可以在私下夸夸他,或者给他的父母发个信息,或者悄悄给他一颗小糖果,或者把他的优点说给他听,千万不要在全班学生面前毫无原则地表达喜欢。

◆ 批评太公开

　　每个班上都有"刺儿头",总是影响着班级管理。年轻的你,或许会觉得只有当众批评犯错的学生,才有"杀一儆百"的效果。其实,无论哪个学段,学生毕竟都只是孩子,未来的人生之路还很长,还有很大的可塑性,最好不要"一棍子打死",要给学生留一些自尊,在众目睽睽之下,对事不对人,点事不点人。

◆ 指令不明确

　　班上学生常常丢三落四,作业本总是忘记带或者需要的时候在书包里找半天,如果只是一味地说"要学会收拾",你会发现学生是不明白的。所以,我们在下达指令的时候,一定要具体明确:数学作业本要夹到数学书的扉页,上课需要的时候立即拿出来,晚上收拾的时候记得看看在不在……只有指令明确,学生才知道具体应该怎么做。如果你不能用语言表达清楚,就做给他们看。

◆ 协调不到位

作为一名班主任，要与每一位科任老师及时沟通，达成一致。举个例子：一名高中班主任认为高一要重点抓理科的学习，可是语文老师却觉得高一语文最重要。两个老师的理念不一致，教育学生的时候口径自然不一样，学生就会很茫然。年轻的你，无论身处哪个学段，请先梳理一下班级管理中可能会引发争议的话题，然后就这些话题多去听听科任老师的意见，做好沟通协调，大家步调一致、理念相同、目标统一，才更有利于班级发展。

◆ 家校沟通太死板

每一位家长都希望从老师那里听到表扬自己孩子的声音，年轻的你，可以向家长陈述学生在学校的真实表现，让家长知道你也希望学生能更好，在指出学生缺点的时候一定要说说学生的优点，而且这个优点不能是敷衍式的，比如"大部分时候很乖"，最好是有具体的细节做支撑，让家长感受到你的真诚。这样，家长自然会开开心心地配合学校的工作。

◆ 做了事没记录

作为新教师的你，一定对工作很有激情，花了很多功夫在班级管理上或者教学上，这时一定要记得：每一次活动一定要有记录。照片、视频、文字等，这些都是将来给学生做纪念册、交流分享工作经验、各种比赛、评优评先的最好资料和例证。建个文件夹，及时记录，哪怕是细微的成就，也要留有档案。

◆ 情绪的阀门把不住

人都是有感情的，有时会情绪化地处理问题。比如：班级纪律不太好，多次教育无果时，有的老师就会生气地说："算了算了，不管你们了。"换个角度想想，既然多次教育未见成效，说明我们的方式有问题，改变的应该是方式，而不是发泄情绪。情绪失控往往会把事情搞得很糟，甚至把自己推到非常尴尬的境地。举个例子：有学生在课堂上顶撞老师，老师一声"滚出去"，结果学生拒绝出去。此时尴尬的往往是老师。不急不躁，温和坚定，把控住情绪的阀门，或许是你我一生的必修课。

年轻的你，未来还会踩很多坑，没关系，记得原谅你自己，铆足干劲创造美好的自己。

好书推荐

《爱的教育》

[意大利]德·亚米契斯/著　夏丏尊/译

译林出版社

推荐理由:全书采用日记体的形式,讲述了一个叫安利柯的四年级小男孩的成长故事,因此书名又叫《一个意大利四年级小学生的日记》。内容主要包括发生在安利柯身边各式各样感人的小故事、父母在他日记本上写的劝诫启发性的文章,以及教师在课堂上宣读的精彩的"每月故事"。作者希望借助学校教育,借助博爱、宽容的精神,传播现代文明。本书值得教师、学生认真阅读和感悟。

决不允许发生的学生行为

> 小林新入职就被学校"委以重任",中途接手初二年级某班的班主任。该班学生的学习基础差,违纪行为不断,违纪方式各异,忙得小林焦头烂额。这时,师父向他伸出了援手,和他一起梳理学生的违纪行为,进行分类处理,让他知道哪些违纪行为必须立即管,哪些违纪行为可以暂缓;哪些违纪行为应该严惩,哪些违纪行为可以轻罚。让他能够根据情节轻重,有序处理,各个击破。

学段、校情、班情不一样,学生的行为表现也各有不同,但决不允许发生的学生行为一定是一致的。

作为公民,首先要热爱祖国,遵守法律法规。其次,根据《中小学生守则》《中小学生日常行为规范》,以下学生行为决不允许发生:

◎ 抽烟、喝酒、赌博、吸毒、偷窃;
◎ 参加各种名目的非法组织和非法活动;
◎ 涉足未成年人不宜的活动和场所;
◎ 伤害自己及他人的生命;
◎ 看宣扬色情、强奸、凶杀、暴力、封建迷信、邪教的书刊、音像制品;
◎ 做有损人格的事;
◎ 文身穿耳,烫发染发;
◎ 打架斗殴,校园欺凌;
◎ 旷课,逃课,作弊;
◎ 浏览、制作、传播不良信息;
◎ 未经父母允许在外留宿;
◎ 在课堂上故意顶撞老师,乱喊乱叫,随意走动、打闹;
◎ 恶意损坏教室桌椅、寝室床具、教学用具等公物;
◎ 辱骂、殴打老师,在自媒体上攻击老师、同学,散布不实言论。

资料宝库

《中小学教育惩戒规则(试行)》

（中华人民共和国教育部令第49号）

扫码查看规则详情

学生不良行为的表现及常见原因

> 你满怀热情,精心设计好一节课,打算在课堂上大展身手。然而,你会发现,每个班上总有一两个让你头疼的学生,上课不听讲,在下面小动作不断,晃来晃去发出声响,或者讲话,影响身边的同学。下课后,告状声不断:"老师,伟伟把我的书撕坏了,还打了我!""老师,青青借了我的橡皮不还,还骂脏话!"……唉,你总会碰到一些所谓的"问题学生"。

学生的不良行为一般有病理性不良行为和非病理性不良行为两种。其中,因为病理性原因(如孤独症、抑郁症、多动症等)导致的不良行为,需要寻求专业人士的治疗与指导。本章主要分析非病理性原因导致的不良行为。

◆ 学生不良行为的表现辨析

◎ 学习能力欠缺。主要表现为课堂上注意力涣散。当老师在讲解时,学生不能集中注意力专心听讲,东张西望,眼神空洞,或是玩铅笔、橡皮等学习用品,更有甚者和旁边的同学嬉笑、说话,作业拖拉、马虎,抄答案应付。

◎ 规则意识欠缺。主要表现为上课迟到,集体活动中不能安静、耐心等待,实验课、操作课上随意玩耍器材,运动课中擅自离队或在操场上追赶打闹。

◎ 集体荣誉感欠缺。主要表现为缺乏集体意识,损害公物,不听从集体安排,以反抗为荣。例如,老师发出指令时,学生故意发出怪音、做滑稽表情或怪异动作,引同学发笑;班干部安排任务时,故意不执行或对着干;练习时不与他人合作,或故意捣乱。

◎ 文明礼仪欠缺。与同学交往时自私、占强,没有满足自己的要求就出言不逊、恶语相加,甚至出现抢夺、打架斗殴等攻击性行为,或者得不到的东西就毁掉、恶意破坏等。

◎ 责任担当欠缺。一旦遇到困难就紧张焦虑,寻找各种理由逃避,不愿意付出努力,选择躲避练习、蒙混过关。每天独来独往,不与他人交流,常一个人安静待在一边,集体活动时就谎称自己生病。

◆ **学生产生不良行为的原因分析**

◎ 家庭环境教育影响。父母关系不好,经常吵架,离异,这些都会让孩子变得敏感、孤僻,甚至自卑、自我放弃!有部分家长受到片面的"快乐教育"的影响,试图不给孩子施加任何压力,加上祖辈的宠溺,在孩子3~12岁行为习惯养成的关键期,采取了放任自流的态度,没有及时纠正孩子自由散漫、以自我为中心等不良习惯。还有部分家长对孩子期望值过高,采取过度严苛、极端的教养方式,孩子被错误评价或者按照家长的意愿进行改造。

◎ 学校个别教育不力。少数教育者由于经验欠缺、自身修养不够,导致教育方法粗暴简单或者存在一定的偏袒,没有真正走进学生内心去了解他们、关爱他们、帮助他们。不恰当的教育方式极易引起学生乃至家长的强烈反感,造成师生、家校对立,不利于学生健康成长。

◎ 社会不良因素引诱。在网络高度发达的时代,学生很容易沉迷网络游戏,对学习失去兴趣,不愿意花时间去思考、记忆。同时,大量的信息扑面而来,受自身认知能力的限制,学生无法进行正确的筛选,不良思想进一步影响学生的行为。关爱孩子成长已成为社会共识,但常被某些不讲原则、只讲流量的无良自媒体利用。教师采用的合理手段被反复恶意报道,让本来就没有是非观念的学生变得更加肆无忌惮,学生的规则意识再次被剥离。

◎ 个体道德认知存在缺陷。品德不良的学生缺乏道德情感,他们往往爱憎不分、好恶颠倒。例如,某些学生认为给他们一点儿便宜的人是好人,满嘴脏话是成熟的表现,不守规则是个性张扬,敢于顶撞老师是勇敢,严格要求和管束他们的人可恶……他们同老师、父母和其他一些关心他们的人情感对立,对他们存有戒心,不愿吐露心声,而与他们的所谓"朋友"趣味相投。学生在认知能力不足、情感移位的情况下,极易受到坏思想、坏行为的影响。

> **好书推荐**
>
> ### 《中小学生纪律教育——全方位解决纪律问题的策略》
>
> [美]柯温(Curwin，R.L.)，门德勒(Mendler，A.N.)，门德勒(Mendler，B.D.)/著
>
> 陆如萍，生趣，王丽琴/译
>
> 中国轻工业出版社
>
> 推荐理由：学生存在纪律问题，有效的教学很难发生。本书的三位作者通过长期的研究与实践总结出了一套行之有效的纪律问题解决方案。七阶段预防法、八步行动法、常规策略与非常规策略相结合……帮助教师全方位解决纪律问题。总有一点能给你一些启发。

解决纪律问题的有效策略

> 新手班主任贝贝老师最近很困惑：为什么有的学生在资深班主任面前有规有矩，在自己这个新手班主任面前随意任性？有的学生随意讲话，有的学生喜欢讨价还价。课前静息、自习午休时间，嗡嗡声一片。课上一听到兴趣点就离题万里。对待学习任务，总想打个折、偷个懒。对待所犯错误，总想找个理由搪塞过去。

贝贝老师的困惑或许也会是你的困惑：既想走进学生的内心，和学生成为朋友，又想维护班主任的威严。每天在"朋友"与"班主任"之间来回切换，显得有些手忙脚乱，纪律问题层出不穷。请不要忧虑，采用科学的方法，你完全可以在两个角色间自由穿梭，让你的班级成为校园最亮丽的风景线。

◆ 全员参与，自主管理

没有规矩不成方圆。班规是学生一日行为的风向标。建议你让学生自己讨论制定班规并定期修订。班规的制定要细化，应让学生清楚自己每天的每个时段应该做什么、怎么做、做得好会得到怎样的奖励、出现相应违纪行为应该承担怎样的责任。班规一旦形成，一定要严格执行。不严格执行的班规形同虚设。

口头表扬、批评、惩戒应及时，奖励可月末、期中、期末进行。奖励方式及奖品由学生自定，奖品限制金额，也可采用抽取盲盒的方式。班级的每项事务都交由专人负责，明确每个人的职责。刚开始，部分学生可能会出现遗忘或方法不当的情况，需要你及时提醒并指导。试用两周后，再根据学生的特点换岗。

◆ 视线接触，适度反应

如果你在教室外就听到了教室内闹哄哄的，一定很生气吧？这时，你可以尝试什么也不做，静静地站在教室门口，直到完全安静。如果教室内还没有安静，一定要克制住大声喊出"安静"的冲动。你可以站到说话最大声的学生身旁，静静地望着他；也可以利用学生的好奇心，先跟离你最近的已经准备好上课的学生聊上几句。老师的最佳进班时间是课前2~3分钟。这段时间,既可以组织班级纪律,稳定学生情绪,检查课前准备,又可以做一些简单的预习摸底或交流互动。

课堂上,老师同样需要让眼睛运动起来。至少每分钟扫视全班一遍,每次把视线集中在4~5个学生,尤其是坐在教室远端、自控能力较弱的学生身上。尽量控制站在讲台上讲课的时间,可以围着教室一边走一边讲。与学生视线接触时应保持沉默,这时,沉默就是力量。每次发出指令后可停留片刻,给学生留出时间反应并让他们意识到自己的问题。通过及时的、大范围的视线接触,可制止大约80%潜在的违纪行为。

对待学生课堂上的违纪行为,你需要有选择地进行反应。如果是蓄意伤害或恶意起哄的行为,你必须及时加以制止。一些程度较轻或是当时不能确定如何处理的违纪行为,你可以选择延缓处理。面对情绪激动的学生,你首先要安抚他的情绪,不要严厉训斥,下课后再就事论事地处理。遇到棘手问题,你可以先请教他人再处理。切忌因某个学生的不良行为惩戒全班学生,这样会导致全班学生(可能包括家长)站在你的对立面。

◆ **激活课堂,分层教学**

备课时,首先要考虑教学内容的条理性、层次性、趣味性。充分的备课、紧凑的教学,可以有效减少课堂不良行为问题。

课堂上,可分层开展学习活动,让不同层次的学生都有事做。针对不同基础的学生提出不同难度系数的问题,及时表扬值得肯定的行为及进步的学生。尤其需要给平时表现不好的学生更多回答问题的机会,及时肯定他们,让他们在课堂上找到成就感。同时,根据学生的反应及时调整教学方式,做到因时制宜。

◆ **理性从容,平等公正**

学生的任何违纪行为都有他的心理轨迹。面对学生的违纪行为,尤其是反复性的违纪行为,切忌简单粗暴地处理,要注意维护学生的自尊心。同时,与学生、其他老师及家长沟通,找到学生有此违纪行为的原因。如果是想引起关注,就给他创造展示自己闪光点的机会;如果是家庭教养方式的问题,就教给家长正确的方法,并随时保持关注;如果是习惯差,可以签订师生契约,逐步帮助学生改正不良行为……

不要对学生过去的错误耿耿于怀、喋喋不休。不抱成见,不武断,就事论事,不因错误行为而否定学生。

别忧虑,别心急,教育即修行,永远别想着一劳永逸。即使最优秀的班主任,也不能保证班级不出任何问题。我们都是在边做边学边反思中成长、成熟的,无人例外。

资料宝库

教育家名言

先生不应该专教书,他的责任是教人做人;学生不应该专读书,他的责任是学习人生之道。

——陶行知

班级管理的有效方法

> 年轻时,在班级管理上,冯老师总是沾沾自喜:打架,交给学生处;旷课,请家长;夜不归寝,回家反省……他把学校的那本厚厚的校规研究得颇为透彻,一切违纪按规处理,一切乱象杀一儆百。不讲道理,不给情面,不留余地。然而,很快,他强硬单一的管理措施便遭遇了来自学生的更为强硬的抵触。表面上风平浪静,暗地里波涛汹涌。班上的各种"歪风"渐渐浮现,他的"阵地"和"权威"岌岌可危:科任老师反映班级学习氛围糟糕,班上的各种公物莫名其妙地频遭破坏,学校贴吧出现了辱骂他的帖子……他陷入了极大的痛苦之中。

班级管理需要与人打交道,人是形形色色的,自然不可能用一种方法管好所有学生。这时,智慧显得尤为重要。在这里,我们谈一谈班级管理的几种有效方法。

◆ "奖惩宝典"用起来

想一想:从晨读到放学,学生会有哪些违纪状况发生;从开学到期末,班级会有哪些活动要开展……接手新班级之前,年轻的你一定要提前下狠功夫,先向老教师请教,制订一份班级"奖惩宝典",在开学的第一天就告知学生。一是让学生知道学校的规章制度。二是让学生对你产生信任感:这个老师好专业。同时,也应该留有余地,提前告知学生,这份"奖惩宝典"后续还会根据班级实际情况进行调整。

◆ 暖心"小蛋黄"惹人爱

我们越来越发现:现在的孩子智商有高度,心灵却缺少了温度,普遍来说,比较自私,导致班级凝聚力很难形成。一位工作了十几年的老师用过一个不错的方法,在这里和大家分享。她给班级买了三个萌宠"小蛋黄",其实就是三个非常可爱的存钱罐。她告诉学生:生命之中,除了父母,没有谁有义务对你好,所以只要有人让你感受到了温暖、帮助了你,请记得让这份爱被看见,你可以写下一张小纸条,放到"小蛋黄"的肚子里。每个月,班级会举行隆重的"开蛋仪式",让那些帮助过别人的学生,感受到尊重与荣耀。

◆ "班级备忘录"真香

每个班级都有自己成长的轨迹,三年或者六年,对于老师而言可能只是周而复始,可是对于每一个学生来说,待过的每一个班级都是唯一的。那些喜怒哀乐,都将是他们生命中的宝藏。那就设计一本"班级备忘录"吧,可以写一写学生值日的这一天,可以记录班级学生需要被放大的好行为、需要改正的小错误,也可以记录学生眼中那个优秀的他(可以是同学,也可以是老师)。当然,监督一下班级的清洁状况、纪律状况也是可以的。

◆ "拜师帖"好有效

如何提升班级成绩?如何让暂时落后的学生感受到班级的温暖,产生向上的动力?方法之一就是动员成绩优秀的学生去带动成绩暂时落后的学生。新教师与老教师结了对,是不是觉得更有归属感呢?学生也一样,如果仅仅是轻描淡写地说一句"要互相帮助",可能没什么效果,何不动员学生也来签订"拜师帖"呢?让互相学习更有仪式感,让优秀的学生更有责任感,让暂时落后的学生更有安全感。虽说这种做法不是万能的,但总有学生会从中获益。

◆ "辣椒小分队"真威风

不知道为什么,我带过的班级总是呈现出"阴盛阳衰"之态,女孩子特别优秀,男孩子跟不上趟。管理男孩子,真是让人头疼。于是,"辣椒小分队"应运而生:挑选几个特别有正义感的、有智慧又能干的女孩子,监督班上的不良行为。中学阶段的男孩子,可听女同学的话了,表现不好,被女同学揪住了"小辫子",多没面子。加上小分队的女孩子不仅会管理,还会处事,人缘特别好,男孩子们真是心服口服。举个例子:班上有个男孩子总是不交作业,我多次教育无效,"辣椒小分队"的队长一出面,和那个男孩子聊了一个小时,从此,不交作业的现象竟然再也没有出现了。果然,学生更懂学生。班主任要经常对小分队进行培训,让他们总结反思,避免因管理造成同学之间出现新的矛盾。

◆ "班干部任命书"及时发放

班干部真不是讨喜的角色,很多时候会让同学有意见,平日里又没有什么实质性的好处,很多学生当一段时间就想辞职不干。有经验的老师采取的方式是这样的:给班干部们颁发任命书,增强仪式感和责任感;定期召开班干部会议,来杯奶茶,配点零食,增强小团体的凝聚力,再拍个集体照,增强归属感。让班干部队伍拧成一股绳,不要单兵作战。比如:纪律委员管理纪律遭到了顶撞,整个班干部队伍都要站出来维护正义,让违纪者不敢发声捣乱。

年段不同,方法各异,优良的方法要在实践中探索。

好书推荐

《凭什么让学生服你:极具影响力的日常教育策略》

关承华/著　中国青年出版社

推荐理由:名师关承华从教40多年的教育智慧和班主任兵法总结;《中国教育报》、中国教育新闻网多次力荐;故事+方法+理念=让学生服气的教师。

面对"熊孩子"怎么办

> 幼儿园新入职的陆老师在组织孩子做游戏时,4岁的欢欢总是惹麻烦,不是抢走小朋友的玩具,就是把小朋友抓伤了。吃饭时,欢欢把不喜欢的饭菜故意倒在地上……陆老师提醒了一次又一次,欢欢根本不听。陆老师大声批评了他。晚上家长打电话来说:"孩子说老师太凶了,不想上幼儿园了!"陆老师沮丧极了!

不管是幼儿园,还是小学、中学,如果你看到哪位老师上课回来情绪不高、满脸失落,大概率是被"熊孩子"气到了。这一方面是对学生恨铁不成钢的失望,另一方面是对自己教育方法不当产生的挫败感。面对一群在宠爱中长大、个性十足的"00后""10后"学生,老师需要有足够的智慧和包容心。

◆ "熊孩子"称呼的由来

"熊孩子"一词乃新兴网络用语,泛指调皮的孩子。这种孩子往往岁数小,不懂事,无法无天,并且暂时没有受到良好的家庭教育。比如:课堂上嬉笑吵闹,下课了疯跑喊叫,不是把凳子摔坏了,就是和同学争抢打起来了,或者写作业不认真,不按时交作业,被老师批评了会顶嘴。"熊孩子"群体大多集中在幼儿园和小学中低年龄段。

◆ 面对"熊孩子"的误区

面对"熊孩子",管还是不管呢?有的老师采取严加管教的方式,学生一旦犯错,就一定要强制纠正过来。学生不服,脾气暴的老师忍不住动手打孩子,这会导致师生关系恶化,造成老师违反教师职业道德的恶果,遭到家长投诉。还有的老师面对"熊孩子"采取佛系的处理方式,提醒一段时间没有效果,就选择不管不问,"惹不起我躲得起",致使"熊孩子"的言行更加肆无忌惮,影响整个班集体的管理,老师也要承受"不负责任"的骂名。老师到底应该怎么做呢?

◆ 课堂现场"熊孩子"处理策略

沉着冷静、不急不躁为第一反应。首先，告诉自己："他现在是需要我用爱心帮助的学生。"其次，观察课堂上捣乱的学生有几个，如果只有一个学生在制造噪声，或者自行玩耍，还没有影响到其他同学，可以轻轻地走到该生面前，用眼神暗示或用手势动作提醒。比如，友好地拍拍他的肩膀警示，不影响正常教学。

如果有两个以上的学生在一起嬉笑打闹，已经影响了课堂秩序。这个时候，老师可以走到学生身边，用幽默的口吻制止："这么热闹，什么有趣的事下课讲给我们听，现在先请安静一下，一会儿，我一定给你们时间讨论。"记住，这个时候千万不要生气，不要大声批评甚至侮辱学生。下课后一定要给学生时间表达，倾听他们的想法。对于特别调皮捣蛋的学生，老师更应充分考虑他们的面子，以及强烈的逆反心理。如果这个时候以强治强，激怒学生，事情会变得更糟。

如果捣乱的学生已经影响到课堂教学正常开展，不妨换一种教学方式，或者换一项学习任务，如布置作业、抄写、练习一类的，让学生静下心来，有事可做。

遇到情绪特别激动的学生，可以先安抚他们的情绪或转移他们的注意力。幼儿园的孩子可以抱一抱，中小学生可以用握握手、拍拍肩等动作帮助他们平复情绪。

如果想使用惩戒权，一定要约法三章，事后反复交流，让学生心服口服，明确意识到自己的错误，愿意得到相应的惩罚。

◆ 转变"熊孩子"的秘籍

关于怎么收服"熊孩子"，有一句话大致概括了要点——要么让他爱上你的课，要么让他爱上你这个人。建立情感是收服的基础，激发学习兴趣是目标。"熊孩子"常常外表看起来大大咧咧，一切都不在乎的样子，其实内心脆弱、敏感，因为言行不当经常受到家长、老师的批评或者同学的排斥，其内心是孤独的。所以，走进学生的内心，和学生交朋友，尊重学生的人格是转变他们行为的重要基础，尝试以下几个小秘籍吧。

◎ 针对"熊孩子"做一个调查表，进一步了解他们。比如：我的长处是什么？我有什么特别的技能？我最喜欢做的事是什么？我能帮到别人什么？……

第十章 智慧管理班级

◎ 争取每天和学生有一次对话,哪怕几句家常话,让学生感受关爱,保持心情愉悦。

◎ 多和学生有肢体接触,幼儿园的孩子抱一抱,大一些的孩子握握手、碰碰肘、拍拍肩、摸摸头,拉近与孩子的距离,增强孩子的安全感。

◎ 对于那些想通过捣乱获得关注的"熊孩子",在他们出现问题时,你要愿意花时间去了解产生这些行为背后的原因,找到解决问题的办法,或许会春风化雨、小事化了。

◎ 给学生安排适当的任务,体现老师对他的信任。比如:跑跑腿,发挥他的特长为班集体做事;担任体育、劳动、卫生等学科组长,培养学生的责任感和自信心。

◎ 善于抓住生活中的每个教育契机,发现"熊孩子"的长处和每一次微小的进步,不遗余力地表扬,同时告知家长,激发其自信心。

◎ 有的学生反感当面讲道理,可以用写信的方式,当面不好意思说的话用文字来表达,一封情真意切的信件也许会收到意想不到的效果。

◎ 如果学生有明显进步,可以适当奖励一个小礼物或者满足一次愿望。

◎ 学生在学校犯了错误,可以和家长联系,请家长配合教育,但不要事无巨细地反复说,或者一次次地请家长,这样会给家长和学生造成很大的压力和挫败感。学会取舍,重大轻小,引导学生逐步改进。

◎ 和学生一起制订适合他的个性规则。比如:开始阶段,一天课堂上允许讲话两次,如果超过了就自愿受罚。怎么惩罚可以和学生交流,请家长配合完成。

◎ 让你的课堂变得生动有趣。比如:通过幽默的语言或者有趣的环节,将知识点融入其中,让他们享受到学习的快乐,慢慢培养他们学习的热情和主动性。

◎ 对学生的学习要求可以适当降低,以激发兴趣,帮助学生体验成就感。

◎ 对学生的作业多给予指导和帮助,让他们跟上集体学习的步伐,不掉队,这样他们才能坚持下去。

◎ 可以在班级创设情绪环境。比如:在"闻香角"放置有香味的物品,稳定学生的情绪;在"倾诉角"让学生用笔和纸画出不快乐,写出自己的心理感受;在"发泄角"准备沙垫供学生发泄情绪。

改变"熊孩子"不是一蹴而就的,老师要常怀仁爱之心,理解学生的内心需要,构建充满爱和信任的师生关系。同时,老师应多学习心理学和教育学的相关知识,提升个人修养和人格魅力,整合各方资源,构建一个互相帮助、互相鼓励的良好的教育生态环境。切记不要滥用惩戒措施。

案例链接

一个真实的故事——蒙眼

婚宴上,中年男士认出了中学老师:"老师,您好!您还认得我吗?"老师:"对不起,实在记不起来。"学生:"老师,您再想想,我是当年偷同学手表的那个。"老师摇摇头:"真的认不出了。"学生:"当时您让全班同学面壁站着,让我们用手帕蒙上眼睛,您一个个搜查我们的口袋。当您从我的口袋里搜出手表时,我想我的人生完了,我一定会受到严肃处理……但是,事情并没有如我想象的那样。您将手表归还失主后,就叫我们坐回座位,继续上课。一直到毕业离校,偷表的事从没被提起过。老师,现在您应该记起我了吧?"老师微微一笑:"我怎么会记得你呢?为了同学能保持良好关系,不影响我对班上同学的印象,当时我也是蒙上眼睛搜查的。"中年男士泪奔……

给人容身的空间,给人转向的台阶,给人改过的机会,这不仅是老师的善良和智慧,更是一种崇高的慈悲境界和人格魅力。当我们面对他人的隐私和软肋时,更应该选择高情商的处理方式,而不是直接戳中痛处。你认同吗?

第十一章
促进家校合作

5月,与学生和家长打了快一年的交道,不知道你是否察觉到"家校共育"的重要性?良好的家校合作关系,可以帮助我们更好地完成工作任务。如何与家长进行有效沟通?如何应对"不讲理"的家长?如何策划家校共育活动?……这些都是作为新手的你应该去学习的。阅读完本章,你一定会有收获!

如何与家长进行有效沟通

> 小林老师说：入职第一年，最困扰自己的就是不知道如何与家长沟通。一方面，自己刚从学校毕业，还没有完全转变身份，总觉得自己阅历尚浅，在家长面前瞻前顾后、畏首畏尾，生怕哪句话说得不对；另一方面，自己还没有足够的经验去指导家长进行家庭教育，于是就刻意逃避。但是，后来小林老师发现，班里有两个"刺儿头"家长，老师不找他们，他们要来找老师，在沟通的过程中稍不注意家长就敌对起来，不但不支持工作，还会煽动更多家长不配合。真是让人头疼！

每个学生都来自不同的家庭，由于家长的职业不同、阅历不同，教育孩子的观念不同，要让他们都能与学校教育"步调一致"，真的很不容易。所以，如何与家长沟通至关重要。教师与家长的沟通是一种超越知识的智慧。怎样才能有效地与家长沟通呢？可以尝试从以下几个方面着手。

◆ 了解是沟通的基础

每个家长的文化水平和修养都不同，我们要根据实际情况巧妙地运用语言艺术与不同类型的家长进行沟通。有这样一个案例：

李××，初一学生，拿同学的东西、说脏话、打架，是他在学校的经常性表现。老师批评教育效果不好。他的奶奶来参加家长会，班主任说："李××在校表现不好，学习成绩又差，影响其他同学上课，家长要好好管管。孩子父亲怎么不来呢？这样下去还不如休学。"

在不了解其家庭情况时，班主任下了这样的结论，导致家长的反感和抵触。后来李××打伤了同学的头，班主任请他的奶奶来校处理问题，他的奶奶根本就不配合老师的工作。

班主任在与其他学生聊天时偶然得知：李××5岁那年，车祸夺走了母亲的生命；6岁时，父亲重新组建家庭，继母很霸道，对他的关心很少，平时由奶奶带。由于缺少家的温暖,加上奶奶的溺爱,李××养成了不少不良习惯。

班主任意识到自己的错误,感到不安,主动打电话给李××的奶奶,对自己的主观臆断和工作不到位表示歉意,请家长谅解。

可见,老师要多了解学生及其家庭情况,才能为融洽顺畅的沟通奠定良好的基础。

◆ 尊重是沟通的前提

尊重是一种修养,一种品格,一种对他人不卑不亢、不俯不仰的平等相待和对他人人格、价值的充分肯定。对家长要尊重、真诚、以礼相待,与家长要平等交流。

小张老师的教学成绩非常优秀,担任班主任后,他把对学生的浓浓之爱倾注在"负责任"上。一天,班上一名"后进生"与另一名学习成绩好的学生打了起来。盛怒之下的年轻班主任小张叫来了"后进生"的家长,在办公室里数落了学生的错误,并指责家长没教育好孩子。学生站在旁边,目睹了家长的"待遇"。这样的做法,离与家长沟通的初衷越走越远。试想,缺乏尊重的沟通,会有效果吗?

◆ 理性是沟通的保障

为了和家长沟通顺畅,教师要注意:分析谈话对象,寻找共同话题;从正面称赞入手,创造融洽氛围;运用有效的沟通语言争取主动,把握好谈话节奏;态度不卑不亢,维护自身形象。比如:你的孩子最近表现很好,如果在以下几个方面改进一下,进步就会更快——从心理上给家长信心;你不要着急,孩子偶尔犯错误是难免的,我们一起来慢慢引导他——让家长从心理上感觉到平等;谢谢你的提醒!我查查看,了解清楚情况再给你答复,好吗——给家长理智冷静的印象;孩子之间的问题可以让他们自己来解决,放心吧,他们会成为好朋友的——让家长认识到孩子应该"自己的事情自己做";你的孩子最近经常迟到,我担心他会错过许多好的活动,我们一起来帮他,好吗——给家长应该努力的目标;你有这样的心情我很理解,等我们冷静下来再谈,好吗——有能力控制情绪不好的家长;我们非常欣赏你这样直言不讳的家长,你的建议我们会考虑的——躲开正面冲突,也给自己留出足够的时间。

◆ 倾听是沟通的艺术

倾听,是对他人的一种尊重、一份理解。倾听,不仅仅是用耳朵去感知说话者所讲的内容,也是用心去探索、去发现,还要作出反应,让对方感觉到你的真诚。正确地使用积极倾听的技巧,有助于教师与家长进行有效的沟通。积极倾听的技巧包括:注意对方在说话中带出的态度和感受;尽可能准确地告诉对方你听到的对方的感受和态度;尽量在不改变对方原意的情况下使用不同的词语复述对方的话;不要削减对方所传递的信息,要关照到对方所表达的感受,而不只是停留在事实层面;不要以你自己的意见作为反馈,如评价、同情、讲道理、分析、建议、命令或质疑等,用以下句式来进行反馈:"你感到……";"看起来你感到……";"我听到你说……";等等。

教师与家长沟通的途径很多,按沟通方式不同可以分为借助载体沟通和面对面直接沟通;也可以按沟通的时间特点分为平时沟通和临时沟通;还可以根据沟通的组织特点分为正式沟通和非正式沟通。

教师在与家长沟通交流的时候,一定要注意以下几个方面:

◎ 切忌说孩子不聪明,切忌只谈孩子的缺点,切忌对人不对事、翻陈年老账,切忌只报忧不报喜。

◎ 对待家长的不满、抱怨甚至愤怒,应真诚地与家长沟通,以得到家长的信任和理解,想一想自己是否真的错了,如果确实是自己不对,要诚恳地向家长道歉,要始终尊重家长。

◎ 如果家长的嗓门越来越大,自己讲话的声调就要越来越轻,速度也要越来越慢。向家长询问一些他们可以自由回答的问题。让家长将不满、抱怨甚至愤怒发泄出来,如果家长的言辞带有侮辱性,则暂时找个借口回避,以后再谈。

◎ 一些教师听到家长的指责和抱怨,往往会本能地为自己辩护,这样只会激化矛盾。不能因为家长的过激情绪而影响对孩子的看法,应更加关爱他的孩子,这样做的效果远远胜于辩护。

◎ 当沟通无效时,绕开态度强硬、性格固执的家长,主动和孩子家庭中较开明的家长进行沟通。在各种建议都无效时,可以问"你想怎么办"或"你有什么要求"等,让家长直接面对问题。

◎ 推荐一些相关的育儿杂志、图书给家长阅读,或建议、安排家长参加有关专家讲座,以丰富家长的育儿知识,提高家长的认识。

◎ 安排家长参加开放日活动,用事实说话,让家长自己发现问题。

◎ 在家长产生解决问题的愿望时,再与其进行沟通。

家校交流、合作的氛围在很大程度上决定了家长是否愿意主动关注学校。作为与家长直接沟通的教师,是创造氛围的主要人员。教师需要教育学生,教师也需要在一定程度上引导家长。作为教师,应该不断提高自身素质,依靠自己的人格魅力而不是教师这个职业,让家长感受到你是"一个教师,是多么高尚的人"(卢梭)。总而言之,只有教师在与家长沟通中讲究艺术,才会取得意想不到的效果。

好书推荐

《班主任与家长沟通的艺术:创建优质家校关系的60个策略》

郑学志/著　中国轻工业出版社

推荐理由:本书采用"理论方法+实践案例",从7个方面详细介绍了班主任与家长沟通的技巧,提供了60个策略,帮助班主任掌握与家长沟通的有效方法,科学构建新型的家校关系,形成家校共育的良好局面。

如何应对不讲理的家长

> 王老师是三年级二班的班主任,编排学生座位时纵排是按照高矮顺序从前至后安排的(高度近视的区别对待),横排是从左至右顺序,每周循环挪动一次。其实这样安排,既从实际出发,又挺人性化的。可是小青的家长一定要让长得较高的小青一直坐在前排中间,王老师不同意并耐心解释,家长蛮不讲理地说:"我不管,反正我的孩子必须坐在前排中间,否则我天天来找你。"后来虽然经过主任协调,家长才勉强答应让小青坐在后面,但是他的心里还是不服气的,三两天就来学校找碴儿,让王老师很闹心。

看到案例中的家长,你是不是很气愤?其实,作为老师,要与形形色色的家长打交道,其间,难免会遇到一些不讲理的家长。比如:小强买了两套新校服穿了一个星期,洗了几次,家长拿着校服找到班主任说校服不合身要退掉。班主任说,像这种情况退不了。家长不依不饶,非退不可。再比如:小红上课肚子疼,班主任打电话请家长接孩子去医院看看。家长说孩子在学校由学校负责,班主任没办法只好带小红就诊。第二天,小红的家长来兴师问罪,说孩子肚子疼是吃了学校食堂的饭造成的,不但不给医药费,还把班主任大骂了一顿。面对这样的家长,我们应该怎么办?

◆ **有耐心,莫发火**

有耐心是做教师的基本条件之一,特别是遇到不讲理的家长,教师一定要有耐心,千万别发火,更不要跟家长杠上,否则事情会越闹越大甚至不可收拾。因为我们是老师,身份特殊,要客观看待家长的处事方式,耐心地解释,心平气和地讲道理,只要讲得到位、讲得有理,再难缠的家长心灵上或多或少都有震撼,都会引起他的反思。比如:案例中编排座位的事,我们可以请小青的家长上课时来观察或拍视频给他看,让他的孩子坐在前面合不合适,后面的学生有什么反应,会受到什么影响。通过事实,慢慢地、和风细雨地跟他讲道理,相信他最终会改变态度的。

◆ 有礼貌,热情面对

俗话说"伸手不打笑脸人"。不管多么不讲理的家长,说话多么难听,态度多么恶劣,我们作为老师首先要做好自己,要有礼貌、热情面对。家长到学校来,要笑脸相迎,给他让座,给他倒茶,给他看孩子的作业或考试成绩等,让他消消气,再静下心来,以商量的口气解决他的诉求。再不讲理的家长,他最终的目的还是希望解决问题。比如:前面例子中的小强家长,也许家庭困难才闹这么一出,我们可以先热情接待,再侧面了解一下情况。如果家庭确实困难,我们也可以以个人名义帮助他,退钱给他或送两套校服给他,但要让他明白学校有学校的规定,校服是不能退的,如果有困难,老师可以帮助他,还可以协助他申请其他政策资助。

◆ 签订协议,写清责任界限

对于一些不讲理的家长,如果学生有特殊情况,学校可以在开学时签订协议。协议要公平合理,要有法律依据,写清楚责任界限,双方协商同意后签字,各执一份,这样会减少很多纠纷。比如:前面例子中的小红家长,学校可以和他签订协议,特别要强调,学生生病,学校有义务送医院,但治疗时必须家长或家长指定的人在场,医药费由家长承担。如果是学校原因造成学生生病或受伤那就另当别论了。学生肚子疼怪学校饭菜有问题,那不是家长说了算,是要经过调查的。真有问题,学校肯定会负责任。签订了协议,家长就会心中有数,不敢乱来,老师也会少很多麻烦。

◆ 开家长会时,让不讲理的家长发言

开家长会时,让不讲理的家长发言也是一个好办法,一来让他觉得学校重视他,二来可以让他提出对学校的建议。如果他提出了对学校的建议,对的其他家长肯定赞成,不对的其他家长肯定反对,这样无形给他上了一堂教育课,以后就不会乱来。

◆ 发挥家长委员会的作用

遇到不讲理的家长,可以让家长委员会出面做工作,因为家长委员会可以参谋、监督学校工作,既可以代表学校,又可以代表家长,他们说的话对于不讲理的家长很管用,可以一针见血地指出家长错误的地方,从而使其心服口服地改正错误,减少很多误会。

◆ 请学校法律顾问给家长讲课

每个学校都应聘请法律顾问,其作用是明确学校保护学生安全的责任,促进学校强化责任意识和采取预防措施,参与学校的法律诉讼和处理民事纠纷,维护师生的合法权益,让家长知法懂法等。学校遇到不讲理的家长时,可以请法律顾问来给家长上一下法律课,当然学校要组织好,以开家长会的形式,通知所有家长到位,让家长学习一下法律知识,知道哪些行为是违法的。那些不讲理的家长会对照自己的行为,认识到自己的错误,以后不敢这样了。

案例链接

家校沟通案例

一个星期四的下午,值日班长让同学们排好队准备放学。突然,丁同学离开队伍来到了我的面前:"老师,我放在书包里的钱包没了。"我问:"什么时候丢的?"她说:"信息技术课前还在,上完课就没有了,听说秦××(单亲家庭)、张××、李××三人没去上课,留在教室里。"这时,叶同学也说:"我钱包里的20元钱也不见了。"听了这话,我立即将信息技术课时留在教室内的学生留下来进行调查,结果发现秦××和张××在教室内翻别人的抽屉,见到水就喝,拿别人的手机玩游戏,翻看别人的钱包等。最后在他们三人互相检查书包时,从秦××的书包里发现了丁同学的钱包。

我让他本人说说情况,他承认了丁同学的钱包是他拿的。我说:"这种行为必须告知家长,老师和家长共同配合,帮助你改正错误。"我拿出手机准备与家长联系,这时他请求我不要告诉他的妈妈。其实,这个孩子出现不良行为已经不止一次了,但我还未与他的家长沟通过,所以我没有同意他的请求,只说:"相信你的妈妈是希望你变得越来越好的,你诚心认错,求得妈妈的原谅,今后不再犯类似错误不就好了吗?"

电话打通后,我将情况告诉了他的妈妈,可她却说:"我管不了他,你报警吧!我明天就登报申明和他脱离关系。"我想可能家长在气头上,就没再多说,让他回家,准备第二天再处理。没想到的是,秦××回到家后,为了逃避责任,得到家长的原谅,完全推翻在学校所说的话,说自己没有拿别人的钱包,是有人栽赃他。家长也不进行调查,一味地相信孩子的话,晚上9点多打电话给我,说我对她的孩子有成见,冤枉她的孩子,并说第二天要找校长澄清此事。我让她别激动,可我的话还没说完,她就把电话挂掉了。

分析:案例中的家长有明显的"护犊"行为。其原因主要是:本身离异,心里比较自卑,怕别人瞧不起她。平时对孩子比较溺爱,对孩子在学校的情况不够了解,并且希望孩子在同学、老师心中有良好的形象,所以不肯正视孩子的缺点。当孩子犯错误时,她会护短,而且情绪比较激动,在袒护孩子的同时,也流露出对老师工作的质疑。

碰到这种棘手的事情,作为老师,应静下心来反思一下自己的教育方法是否有不妥之处,是不是自己虽爱孩子但太急于求成了。这个孩子的不良行为不止一次,且一直未能纠正,这种情况肯定不是一朝一夕形成的。因此,老师应该以关心学生为出发点,与家长保持持续性的接触,不能等学生出现问题时才去联系家长。老师平时应多与家长联系并注意沟通方式,让家长觉得孩子虽然有很多问题,但老师一直没有放弃,家长会感觉到老师是爱学生的。后续即使学生的说辞与老师不一致,家长也会站在老师这边,至少会先求证。有些小毛病的孩子,需要我们坚持有效的家校沟通,经过长期的家校合力,让他们一点一点改变,变得更好。

学会策划家校共育活动

> 新教师小杨很羡慕师父王老师,因为王老师带的班级,孩子们特别上进、阳光,家长们也特别给力。老师布置的任务,家长们会协助监督孩子完成;班级的活动,家长们主动出谋划策;孩子们出现问题了,家长们互帮互助……
>
> 后来,王老师邀请小杨参加了两次班级的家校共育活动,小杨才恍然大悟,原来,教育不是单打独斗,需要加强教师与家长之间的联系,使家校形成合力,才能更好地促进孩子的健康发展。架起家校共育的桥梁,可以从活动开始。策划并成功举行一次家校共育活动,对家长、孩子和教师来说,都将是一次成长和历练。

有人说:"谁放弃了家庭教育,谁就几乎葬送了孩子的前程;谁赢得了家庭教育,谁就赢得了孩子的辉煌未来。"家庭教育意义非凡。作为老师,我们可以有计划地指导家长开展亲子阅读、亲子锻炼、亲子社会实践等系列活动,通过孩子与家长在活动中的沟通协作,增进家长对学校的理解、对孩子的了解,让孩子的课余生活丰富多彩、兴趣得到培养、个性得到张扬、创新能力得到施展,还孩子一个健康快乐的绿色学生时代。

◆ **家校共育之爱国主义教育活动**

我们可以充分利用"七一""八一""十一"等重要节日开展爱国主义教育,由家长带领孩子到爱国主义教育基地、博物馆等地参观学习,还可以开展其他形式的活动。比如:"七一"带领孩子了解党史,了解身边优秀党员的先进事迹;"八一"带领孩子了解建军知识、现代前沿的军事科技、世界安全形势等;"十一"带领孩子了解建国历史,以及新中国成立以来的辉煌成就,开展亲子"庆国庆"手抄报评比等活动。通过活动,让学生感受祖国的繁荣,从内心自发地热爱中国共产党、热爱自己的祖国、热爱这个美丽而和谐的社会。当然,家长在陪伴孩子的过程中也会受到爱国主义的熏陶和教育。

◆ 家校共育之劳动教育活动

我们要引导学生从小树立劳动光荣的观念，参加力所能及的劳动。五一劳动节来临之际，可以安排学生了解节日的由来，学习全国劳模的故事，宣讲身边劳模的故事。日常也可以根据学生的年段特点，有计划地安排学生每周在家完成一项劳动技能的学习。比如：一、二年级学生整理书包、叠衣服、洗袜子、洗红领巾、扫地、择菜、浇花、购买日用品等；三至六年级学生整理自己的房间、拖地、买菜、煮饭、洗碗、洗衣服等。这些劳动实践活动既能增进学生与家人之间的感情，又能让学生学会必备的生活技能，还能让学生在劳动中学会观察、学会思考、学会创新，为写作储备素材，真可谓一举多得。

◆ 家校共育之尊老爱幼

我们可以建议家长陪伴孩子一起过一个有意义的六一儿童节或生日，给孩子买一件有意义的礼物，让孩子感受到父母与家人浓浓的爱。"三八"节和重阳节，安排学生为长辈做一件力所能及的事，如洗脚、捶背、讲故事、洗碗、制作卡片等，让学生从小懂得感恩，懂得孝敬父母，懂得回报家人。春节、元宵节和中秋节，安排学生与家人一起了解节日的由来与习俗，和家人一起走亲访友、欢度节日，这些亲子活动可以让学生认识传统节日，感受到家庭的温暖与浓浓的亲情。

◆ 家校共育之亲子阅读活动

阅读习惯是能让孩子受益一生的好习惯。我们可以组织书香家庭评比活动，学生与家长一起每天进行30分钟的亲子阅读。教师为学生推荐文学类书籍、科技类书籍、科幻类书籍、人文历史类书籍、红色文化与传统文化类书籍等，家长营造书香家庭的氛围，每天坚持与孩子一起阅读，让孩子感受到亲情的温暖，享受书籍带来的愉悦与美好……亲子阅读更有助于提升孩子的综合素养。

◆ 家校共育之亲子锻炼活动

强健的体魄是学生学习与生活的保障，除了保证学生每天在校体育锻炼的时长之外，可建议家长周末与孩子开展一分钟跳绳、打羽毛球、打篮球等亲子体育锻炼，这样既强健了孩子的体魄，又有助于增进亲子感情。

此外，还可以组织班级亲子植树活动、亲子志愿者团队活动等。总之，作为老师，应该多想办法，加强引导和指导，让每一位家长都认识到家庭教育的重要性，参与到孩子成长的方方面面，切实担负起自己的家庭教育责任，发挥家校合力，让孩子更加健康地成长。

好书推荐

《家校社共育实践手册：洞察、理解并获得家长的支持》

[美]Trise Moore（特莉丝·摩尔）/著　李浩英/译

电子工业出版社

推荐理由：这是美国全国家校社共育领域杰出领导力奖获得者特莉丝·摩尔25年家校社共育指导和顾问的经验总结。作为一本实践手册，本书提供了4大共育合作建议，在每个建议下提出了5个反思问题，给出了共20个典型场景的应对方法和拓展练习，以提高教师的共育合作能力；提出了5项共育实践，并设置了自我评估和方法总结板块，让教师能够自己发现问题、总结经验、使用策略，从而有能力、有方法去开启家校社共育合作。

组织家教沙龙,促进家长成长

> 家教沙龙是家长学校的一种活动方式,能为家长提供宽松的、畅所欲言的环境与机会,本着自愿的原则,选择合适的场所,将家长组织在一起,通过参与活动改变家长教育行为的一种方式。家教沙龙的活动方式多种多样,如知识竞赛、游戏互动、孩子展示与家长启示、情景再现、现场辩论、亲身体验等,只要是家长喜欢的方式都可以。它是家长获得教育知识与能力,树立教育好孩子的信心,更好获得教育经验的一个平台。在这个过程中,它改变了家长、改变了教师、改变了学生受教育的过程。

《中小学德育工作指南》指出:要积极争取家庭、社会共同参与和支持学校德育工作,引导家长注重家庭、注重家教、注重家风,营造积极向上的良好社会氛围。家教沙龙,以家长为主体,以学生学习成长为中心,家长互动参与,以教师及专家学者为指导,旨在提高家长教育素养,提升家长教育理念,转变家长传统教育观念,实现以家庭教育为突破口,最终形成教育合力,是提高家庭教育质量的一种载体。如何开展家教沙龙,通过家教沙龙让家长学会正确爱孩子的方式,让孩子享受教育的幸福呢?

◆ **整合资源,明确分工**

接到新班,班主任首先要充分了解每一位家长的学历、职业、性格、特长等。我们可以通过"看、问、交流"的方式进行了解。看,即翻阅学籍资料,了解家长的学历及职业;问,即和学生谈谈心,听听他们心中父母的样子,了解他们父母的言谈举止;交流,即跟家长交流,敏锐捕捉哪些家长有比较专业、独特的见解。通过这三种方法,我们能够很快了解哪些家长可以在家教沙龙中起到积极的作用。接下来把这些家长组织到一起,和他们共同商议家教沙龙的内容和形式,询问他们的意见和建议,明确每位家长的分工,发挥每位家长的特长,关注其他家长的动态,带动其他家长参与。

有一次和班上学生聊天，有个学生提到他的妈妈热心公益事业，也经常参加一些公益培训。这个学生平常比较乖巧、阳光、积极上进，各方面都非常优秀。跟这个学生聊完天后，我灵机一动：我可以找这个家长来做一次家教沙龙。于是，我马上与学生的妈妈——李女士联系，希望她能主持一次家教沙龙。她愉快地答应了，还跟我谈了很多家庭教育中的心得体会。我和李妈妈一起确定家教沙龙的主题：父母如何跟孩子沟通。李妈妈从孩子心理入手，教家长以信任、尊重、商量、赞美、鼓励的语气与孩子沟通，告诉父母需要为孩子提供一个宽容的成长环境，以最快乐、最有效、最优化的互动方式陪伴孩子成长。在李妈妈进行主题发言后，其他家长分组讨论，交流自己平时是如何和孩子沟通的、与孩子沟通出现了哪些问题、如何有效沟通等。每个小组把讨论的结果记录下来，然后进行汇报。沟通让家长们能学习其他家长所长，发现自己的不足。

爱孩子，就要了解孩子的内心世界，倾听孩子的心声，尊重孩子，让孩子学会选择，让孩子出去接触社会，提升孩子的各项综合能力……家长以身作则，给孩子树立一个鲜活的榜样，才能有效增强沟通的力量。参加家教沙龙的家长对如何与孩子沟通有了一个新的认识，对今后自己将如何培养孩子有了一个更明确的规划。合理利用家长的智慧资源，让家教沙龙的范围更广，对家庭教育的指导就会更加全面、有效。

◆ 亲子互动，携手共进

亲子活动既可以密切亲子关系，又可以促进孩子的健康发展，同时，还可以提升家长的家庭教育素养，促进家校合作育人。家教沙龙中的亲子活动，家长能全身心地投入活动，陪伴、参与并见证孩子的成长。

在一次家教沙龙活动中，我们先进行简单的"二人三足"的亲子游戏，让一位家长带着一个孩子进行比赛，用时最短的前十名为获胜者。亲子游戏结束后，家长沙龙的主持人抛出了几个问题：游戏过程中你快乐吗？为什么？刚才你成功（失败）的原因是什么？家长们讨论异常激烈。亲子活动让家长与孩子明白了团结就是力量。在游戏活动中，家庭中的两个人就属于一个团队，作为团队中的一员，就要尽最大的努力为团队争取胜利。这种类型的亲子家教沙龙活动，让家长与孩子携手共进，相互学习，共同成长。

◆ 搭建平台，拉近距离

当前有一个不可否认的事实：孩子越来越有个性，而家长却与他们的世界脱了节。家长也曾经是孩子，孩子的一些心理也曾感同身受，可为什么变成了家长后，却忘了当初自己年少时的那些真实想法呢？身为父母，不仅要为孩子提供物资方面的供给，还要为孩子提供精神方面的供给，教育孩子前一定要读懂孩子的心，了解孩子，常与孩子沟通，做孩子的知心朋友。然而，许多父母反映与孩子沟通越来越困难，孩子宁愿跟网络上的陌生人互诉衷肠，也不愿意与父母多说一句话。为了解决这个问题，我开展了这样一次活动。

我没有给学生任何准备的时间，就是希望他们说出最真实的感受。我将学生一个个叫到学校人少的地方，让他们给父母提提建议，说说心里话。我将每一个学生的心声用视频录下来，通过微信发给家长，并告知这是我们家教沙龙的主题，将观后感带到家教沙龙上进行交流讨论。学生们竟然有将近一半录到最后都哭了。我记得，小文哭着说："妈妈，你为什么常常让我一个人在家？为什么我和弟弟打闹错的都是我？……"另一学生哭着喊："爸爸妈妈，你们为什么要送我去培训班？周六我要去培训班，周日为什么还要去培训班？……"还有一个经常迟到、请病假的学生说："妈妈，请你把我当作普通的孩子，我的身体很好，没有你想象的那么虚弱。"

在家教沙龙活动中，为了保护学生的隐私，我特地只放了处理过的学生的声音，家长们深受触动，有些家长泪流满面。后来的微信交流平台又为这次家教沙龙的成功添砖加瓦。家长的动情反思、及时改进与孩子的相处方式等消息纷至沓来，让我惊喜不已。

教师合理地搭建家校沟通的平台，拉近家长和孩子的心灵距离，让家长走进孩子的内心世界，了解他们的所感所需，这样才能真正地为孩子的成长护航。

家教沙龙让家长当老师，主动参与游戏，多渠道了解自己的孩子，加上家长的相互学习及专家的指导，让家长实实在在地学到一些方法，获得真实深刻的体验。家长的成长会让孩子自然真切地享受到教育的幸福。

好书推荐

《家校共育　与爱同行》

孙建华/著　吉林文史出版社

推荐理由：本书是作者在实施"家校共育　与爱同行"课题研究中积累和形成的著作。作者基于家长的需求，设计了家校共育课程和教案板块，主题分别是习惯养成篇、兴趣培养篇和健康成长篇。课程和教案的设计，能很好地为家长纾困解惑。同时，作者还在本书中呈现了自己在课题研究和实施过程中积累的典型案例和金点子，用以启发和警示家长。更可贵的是，作者把自己在进行课题研究时对教育教学和家庭教育的所思所想都写成了碎思，一并呈现给大家。

系统谋划,形成家校共育合力

> 对于"双减"政策,社会各界众说纷纭:有的说,学生累了,老师忙了,家长慌了,社会忧了……让我们仔细想一想"双减"的目的和意义,那就是——回归。让孩子回归家庭,改变以前那种孩子要么在学校,要么在补习机构的现状,还孩子跟家长相处的家庭学习时间等;让家长回归家庭,改变以前那种动辄把孩子推向学校学习或者机构补习的现状,还家长跟孩子共处的家庭教育机会等;让家庭回归家庭,让家庭教育回归家庭教育,让家庭教育发挥培根铸魂、立德树人的根基作用;让学校回归学校,让学校教育回归学校教育,让学校教育真正发挥德智体美劳全面育人的作用。

家庭和学校是学生成长道路上的两个关键场所。良好的校风可以提高学生的学习质量,帮助学生掌握更多知识,学会适应集体生活;良好的家风可以培养学生良好的学习习惯,帮助学生形成正确、健康的三观。两者相互作用,能够让教育体系发挥更加深层的作用。作为教育工作者,应该如何创新推进家校共育呢?

◆ **日常提供专业指导,引领家长共同成长**

现在教育的内卷现象比较严重,大部分家长在教育孩子方面是非常上心的,但效果并不一定很好。导致这种情况的根本原因是家长缺乏科学的教育理念。很多年轻家长不知道怎样正确引导孩子,与孩子关系紧张,这就需要教师给家长提供一些专业的指导,提高家校共育的效果。

例如:学校的教学工作中,有一部分是专业知识教学,还有一部分是德育。小学阶段,学生学习的知识并不难,大多数家长可以在学业上给孩子一些指导。不过在德育方面,很多家长不知道如何让孩子认同自己的话语,此时就需要教师给家长传授教育经验。比如,要让孩子懂得"谦让",这就是一个非常有难度的教育话题,家长通过讲大道理的方式,难以让学生意识到这种品质的重要性。教师可以站在专业的教育工作者的角度给家长支招,在班级群里给家长传授一些教育经验。先告诉家长,今天在课堂上我们学习了"孔融让梨"的故事,指导家长在家带着孩子做一个小测试,提前准备好一大一小两个梨,让孩子挑选一个。如果孩子挑选了小梨,家长就问问孩子为什么会做出这样的选择。此时,孩子会将课堂上学习的内容重新复述一遍,复述的过程本身也是加强思想认知、固化教学效果的过程,有助于提高课堂教学的有效性。如果孩子挑选了比较大的梨,家长也可以问问孩子为什么会做出这样的选择,并且想办法提醒孩子回忆一下今天课上所学的知识。经过家长的提醒,很多小学生会第一时间修正自己的做法,重新选择小梨,表现出谦让的精神。家长要及时给予孩子肯定和鼓励。教师可以经常在班级群里进行案例分析,分享德育的内容,发动家长互相支招,帮助他们掌握更多有效的教育技巧。

◆ 建立沟通协调机制,提高家校共育的有效性

家校共育已逐渐成为一种共识,但由于不少家长工作繁忙,多数老师的教学时间紧张,难以找到时间上的平衡点。很多家长在教育孩子方面遇到问题的时候,总是第一时间给老师打电话,而这个时候,老师有可能正在上课或备课,时间上的冲突导致家校共育的低效。所以,老师应该在小范围内建立有效的沟通协调机制。

例如:开家长会的时候告诉家长自己平时的工作安排,将自己的课表发给家长,如果家长有急事,想要和老师取得联系,可以提前看一看课表上老师当下的时间安排。如果老师有课的话,家长就等一会儿再打电话,这样能够保证二者在时间上有平衡点。当然,家长也可以将自己方便的时间告诉老师,老师在自己的工作记录本上把这些内容详细记录下来,如果有电话、家访的需要,老师可以挑选家长方便的时间与他们取得联系,双方相互理解、相互配合。这样就可以建立起更加有效的沟通协调机制,提高家校共育的有效性。

◆ 开展班级主题活动,深化班级活动教育

比如,可以开展以下班级主题教育活动:

◎ "童眼看世界作文集",培养学生坚持的习惯;

- ◎ "每周一字",培养学生反思的习惯;
- ◎ "书法成长之路,我们一起走过",培养学生传承的优良品质;
- ◎ "户外生存大挑战",培养学生勇敢的品质;
- ◎ "重走红军路",让学生有信仰;
- ◎ "我们的成长"(班歌、班服),培养学生的集体意识;
- ◎ "每日一星",激发学生的潜能。

◆ 运用网络互动平台,建立新型家校关系

现代社会公认:现在最需要教育的不是学生,而是家长。话虽如此,可是,谁来教育家长?怎样教育家长?如何提升家长素养?

结合互联网,顺势而为,学校成立家长学校,班级开设家长课堂,提供交流平台,让每一个家庭都有交流和展示的机会,让优秀家长去引领和带动其他家长,实现互相促进和共同提升。

◎ 成立家长学校

成立家长学校的目的:加强家长之间的交流和互动,利用网络解决问题、避免冲突;通过家长之间的交流和互动,使得优秀的经验和做法在班级间得到推广和应用,使全体家长在教育子女方面都能得到进步和提高;家长可以将自己教育孩子比较成功的经验在群里和大家进行分享,也可以把自己教育孩子的困惑与困难在群里和大家进行探讨;通过家长之间的互动和交流,使家长之间增进了解与情谊。

操作方法:交流方式为网上文字交流;每周六晚7:30~9:30,每次一个家庭或者家长交流,其他家长进行互动;每次交流完后,由负责交流的家庭或者家长向老师提供一份电子文字资料。

安排原则:预备阶段,由于经验不足,还处于探索阶段,由老师指定和安排4个家庭进行交流;成熟阶段,由于经验比较丰富,处于常规阶段,将按照学生的学号顺序进行交流。

◎ 开展班级家校共读活动

开展班级家校共读活动,可以使家长的教育理念得以更新,做到与时俱进,促进家长成长。而这一切努力的目标,就是期望家长的脚步能够跟上孩子成长的步伐,陪伴和促进孩子终身发展。

推荐家长阅读的书目:《长征》《写给年轻妈妈》《正面管教》《好父母 好家教》《靠自己去成功》《傅雷家书》《父爱的力量》《告诉孩子你真棒》《生命课:一个父亲的谆谆教诲》《青春期孩子的心事》《赏识你的孩子》等。

家校共读心得体会分享:第一阶段家长自主阅读,第二阶段分小组阅读并撰写读书体会,第三阶段分享读书体会。可在每周四晚7:40~9:00,通过钉钉或微信群分享互动,交流家庭教育方法。

◆ 定期安排教育任务,共建家校合作机制

小学生的家长在教育孩子方面往往是非常上心的,有时候老师没有提出明确的家校共育任务,很多家长还会打电话来问老师最近有没有特殊的教学安排,自己想要在某方面加强孩子的教育管理工作。为了满足家长的教育需求,老师可以定期安排一些趣味化的教学任务。

例如:老师可以以星期为单位开展主题教学任务,某个星期以"我是爸爸妈妈的小帮手"为主题开展实践活动。老师将这个主题任务发送到班级群里,让家长了解这个星期的活动主题,并根据主题给孩子设计一些小活动。比如,有些家长鼓励孩子帮妈妈去超市买东西,有些家长鼓励孩子帮爸爸喂金鱼……让孩子在家庭中做一些力所能及的家务,有助于增强他们的自我效能感,在培养他们实践能力的同时,还可以提升他们的综合素质。家庭教育环节结束之后,回到学校,老师可以让学生将自己的劳动过程在课堂上讲述出来,给出相应的评价,并引导学生继续朝着某个方向填补自己的能力空白。

◆ 引导家长树立正确的问题观,让家长成为合作伙伴

育儿之路,不易,也易,其捷径在于"育人先育己,育儿先育己",作为父母,自身如果没有学习的心态,想养育出坚持学习的孩子,很难甚至不大可能。父母如果没有坚持的态度,想养育出坚持不懈的孩子,堪比登月。孩子是父母的影子,父母是孩子的镜子。

家校共育过程中,老师可以引导家长做好以下5点:

◎ 加强自身学习,用自己积极的一面去带动孩子;

◎ 有效陪伴孩子,陪伴绝不只是简单地陪着孩子;

◎ 深度参与过程，参与是最有效的、最高级的陪伴；

◎ 减少絮叨、焦虑、恐惧、不安等，以免传染给孩子；

◎ 做事要坚持，古之成大事者皆因坚持，无出其右。

此外，老师要引导家长树立正确的问题观，让家长始终跟学校站在一起面对和解决教育问题，永远不要和难题站在一起打败孩子。

知是行之始，行是知之成。让我们积极行动起来，携手家长，并肩孩子，积极探索和建立一种和谐、互动、生态的家校关系、师生关系、亲子关系、生生关系、家长关系，为实现"双减"政策下全程育人、全员育人、全方位育人的家校共育新样态作出努力！

好书推荐

《家校共育指导手册》

康丽颖/主编　湖南教育出版社

推荐理由：本套丛书分学段编写，共有学前段、小学段、初中段和高中段四本，清晰定位了不同学段家校共育关注的焦点。针对不同年龄段孩子在生理、心理、认知等方面的不同发展特点，每个主题都以"情景导入"的方式引入常见的问题或误区，进行"案例分析"，并提出行之有效的"解决方案"，还提供了法律法规、教育学、心理学、社会学等理论支撑，为广大教师、家长和教育工作者提供家校共育的具体操作策略。

第十二章
巧用多维评价

6月,这个月结束你就圆满完成了一学年的教育教学任务,不知道你是否已经掌握了学生评价的策略和技巧?现在不妨想一想:你是否能恰当得体地运用课堂评价语?你是否在作业或试卷上给学生写过评语?你是否教给学生考试的技巧?你知道怎样进行学科测评吗?期末让你给学生写评语,你是否知道如何写?读了本章,你一定不会再迷糊!

巧用课堂评价语

> 当老师第一年的期末，按照学校要求，小张要上考核课。这对于上班不到一年的他而言，真的好难好难。师父听完他的第一次试讲，问道："我们对学生的评价是否只有'回答得真好''你真棒'之类的笼统评价语呢？这样的评价语对学生有激励作用吗？"当时，他满脸通红，无言以对。从那时起，他意识到课堂评价语在课堂上有重大的作用。

一个活跃而生动的课堂，得多给予学生真诚的表扬和鼓励，这样才能帮助学生在课堂上获得自信，从而学得更好。如果在课堂上你已经学会了用"你说得真好""你真棒"等，那么恭喜你，你已经开始有意识地评价学生了。但是，这还不够，如果我们的课堂评价语能够准确得体、生动丰富、拉近距离、机智巧妙、独特创新，也许我们的课堂会焕发出不一样的精彩。

◆ 准确得体

"你读得很正确，要是声音再响亮一点就更好了。""你读得真好听，感谢你的爸爸妈妈给了你一副好嗓子，如果能加上表情和些许的动作就更能体现出文章的情感了！"……是不是觉得这样的评价语比开头所说的要具体、准确很多？要是你能在课堂评价语中客观地指出学生的长处和不足，让学生从你的评价语中一步步达到朗读的要求，是不是更好？这不正体现了课堂评价语的准确得体吗？

◆ 生动丰富

"这句话你读得好。"你觉得这句评价语如何？平平无奇，了无生趣。怎样才能避免枯燥乏味的评价语呢？我们得让它生动起来！"我觉得，你长大了肯定能当一名播音员！""同学们听了都喜欢上了你的朗读！""这句你读得多好哇！请你再读一遍，大家仔细听听！"……换成这样的评价语你觉得如何？生动、亲切、明朗的语言，学生听后怎会不被深深感染？怎会不大受激励呢？

◆ 拉近距离

语言准确生动之后,拉近自己和学生之间的距离就成了重要任务。在课堂评价中,尽量避免"老师觉得……"这样的话,这是在有意拉开老师和学生的距离,会让学生感觉和老师之间有一条逾越不了的鸿沟。这样的话确确实实是在突出你是老师,而他们是学生。把"老师"换成"我"或者"你的小伙伴",这样会更加亲切,师生关系也会更加融洽。

◆ 机智巧妙

语文课上,免不了进行生字教学。课堂上本该给"清"字组词,学生起来回答说是"青草"的"青"。你如何评价呢?是马上指出他的错误,还是批评他上课没有认真听?你应该怎么做呢?

你可以微笑着示意哗然的学生安静下来,接着说:"你们别急,他没说错,只是话还没说完呢!"然后转向那位学生:"你说的是对的,是'青草'的'青'……"眼神看着他,让他自己补充。在老师的启发下,他会不知道吗?不会的,现在的学生都很聪明,他会说:"是'青草'的'青'加一个三点水。"你看,这样的评价是不是更柔和一些了?我们用一系列充满爱心、智慧的话语,化解了学生在课堂上的尴尬,同时还保护了他们幼小的心灵。

◆ 独特创新

课堂上还有许多突发的状况需要我们动脑筋去评价。例如:学生正在你的课堂上读有关梅花的句子,读得还挺不错。可是碰巧,这个时候贴在黑板上的梅花掉了下来,你会怎么办?悄悄地贴回去?

老师可以借题发挥:"你读得多好呀!看,连黑板上的梅花也来祝贺你了!我就把它送给你吧!"同时把梅花递给学生。我相信,这时其他的学生一定会对他羡慕不已。大家会更加踊跃地发言,力争得到老师别具匠心的奖励。这样,在不知不觉中,课堂的氛围就被带动起来了。

评价语不能拘泥于形式,要因人而异、因时而异、因课而异。我们要全身心地投入,创造性地对学生进行有效的课堂评价。

好书推荐

《一线表扬学》

管建刚/著 福建教育出版社

推荐理由:本书生动具体地介绍了奖励性表扬、主题性表扬、逆袭性表扬、匿名性表扬、批评性表扬、委任性表扬、呼应性表扬、滞后性表扬等18种表扬术,实例丰富,可操作性强,贴近一线教师的实际教学生活,值得广大一线教师阅读借鉴。

巧写作业评语

> 小A是一所师范院校毕业的高才生，毕业后，来到一所小学担任语文老师。刚工作的时候，小A对学生、授课等都充满了新鲜感。可慢慢地，每天重复烦琐的工作和大量的作业批改让小A疲惫不堪。一次小A批改学生作文，几十本作文压得他喘不过气来。越来越疲惫的他匆匆浏览了学生的作文，虽然他知道有部分学生的作文还有需要修改的地方，但急于完成批改任务的他并未细想，便批上"已阅"，除此便无其他。学生拿到习作之后，以为自己的作文已经达到无须修改的地步，便越发傲慢。可期末的成绩却给了这个班当头一棒！这时，小A才明白作业评价对学生的重要性。

走进教师这个队伍之后，最常打交道的除了学生，便是学生的作业了。学生总是很期待老师的评价，但每天对班上几十个人的作业进行评价，是你将要面临的一个比较头疼的问题。作业太多评价不过来，评价内容太过单一，挖掘不了学生作业里的亮点……这些困惑或许会伴随着你的教学生涯。这里给大家推荐一些评价方式，希望对刚入职的你有些许帮助。

◆ **表格式评价**

开学时，学生在拿到作业本的同时分发给他们一张作业评价表，贴在作业本目录前面。每次完成作业后，学生先自评。学生自评后你再进行批阅，学生订正好后，将老师的评价写在师评一栏。这样学生就可以把自己的预期和最终评价作比较，对比差距，努力进步。

语文作业评价表

课题	自评	师评	课题	自评	师评
1.小蝌蚪找妈妈			1.场景歌		
2.我是什么			2.树之歌		
3.植物妈妈有办法			3.拍手歌		
4.语文园地			4.田家四季歌		

语文学科可以有表格,数学、英语等其他学科也可以呀!你不妨试试!

◆ **语言式评价**

只有表格式评价还远远不够,要走进每个学生的心里,语言式评价必不可少。建议大家多用肯定、赞扬的语言去评价学生,批评的语言要慎重使用。以下列举几种常用的评价语,你可以试着用一用。

◎ 赞赏式

我忍不住多看了两遍你的作业,真好!

喜欢你深刻的见解!

这漂亮的书写真让人赏心悦目!

◎ 肯定式

孩子,你在努力,我能感觉到!

这么认真的作业,你一定下了很大的功夫!

我喜欢你的进步,为你高兴!

◎ 激励式

加油!超过别人!

让同学们看到更出色的你!

老师喜欢越来越认真的你!

◎ 谈心式

给自己一个笑脸,你会发现生活完全不一样。

孩子,我发现这两天你有点灰心。别泄气,你能行!

你的文章让我得到启示,谢谢你,孩子!

有些评价语,想一想再用,比如:为什么总有错字?请重做!

有了表格式评价,再加上语言式评价,相信你的作业评语一定会让学生大有收获!

好书推荐

《怎样评价学生才有效——促进学习的多元化评价策略》

[美]韦伯(Weber, E.)/著　陶志琼/译

中国轻工业出版社

推荐理由:怎样评价学生才有效?怎样通过评价促进学生的学习与发展?这是很多中小学教师一直在努力思考并感到困惑的问题。本书针对这些问题给出了令人满意的答案。本书通过大量实例,系统、详细地介绍了当前有效的学生评价方法与策略,内容通俗易懂且生动有趣,具有较强的可读性和实践指导性,适合广大中小学教师学习与借鉴。

指导学生常规的考试策略

> 作为新入职的青年教师,感觉自己读书的时候,考试没那么多事情。刚接手一个班的期末考试中,小妮没带橡皮擦,小琳忘记带开卷考试的书,小琪忘记带铅笔,小军因速度太慢没做完考卷……学生的倾诉一个接着一个。怎么应对?

度过繁忙的开学季,又经过各种活动周,好不容易熬到尾声,又遇上一学期最重要的考试周,如果没有做好准备,老师也会跟着学生一起手忙脚乱。

作为新教师,你估计在想,这么低级的一些错误,为什么会发生在学生身上?刚从大学毕业的你,已经身经百战,几乎不会再犯案例中的低级错误。但是,我们面对的是基础教育阶段的学生,任何情况都可能出现,我们如何有效指导学生应对各种考试呢?给大家一些小小的建议。

◆ **考前准备要充分**

◎ 知识准备。带领学生做好学科知识复习计划,并付诸实施。在复习计划时间内完成知识点的全面系统复习,且不可在考试期间放松。

◎ 物质准备。让学生列好考试期间需要携带物品的清单,并将物品放在常放的位置,以方便使用;出行穿戴尽可能按照熟悉的方式。

◎ 身体准备。考试前,提醒学生尽可能保证身体健康,提前注意天气冷暖,在注重饮食安全的前提下不暴饮暴食,防止因为生病影响考试发挥;不刻意地增加太多或减少睡眠时间,保持和平时一样适当的睡眠时间即可。

◎ 心理准备。引导学生做好预期目标,做积极的心理暗示,转移消极情绪,适当做心理宣泄。

◆ **考试中,灵活运用答题策略**

◎ 答题顺序安排好,先易后难是准则。依据试题编排,选择题、填空题、解答题都会是从易到难的一个顺序。提醒学生,不管先做后做,细心注意有无空缺未做的题目。

◎ 审题要仔细,关键词句勾画好。试卷上题目的关键词句学生是否勾画,考完后,老师要收上去做检查。

◎ 考试时间有限制,合理安排应对好。指导学生根据题目的顺序、类型、分值和难度等,来决定一道题目所花的时间。平时有单元定时练习的时候,一定要下去查看学生的情况,个别地进行指导。

◎ 过程痕迹要保留,检查补遗效果好。要求学生的计算过程在草稿本上保留好,计算尽可能不跳步骤,检查计算时优先查看之前的计算过程,每次检查不是重复地计算一次。

◎ 管理好考场情绪,沉着应考是关键。引导学生做积极的心理暗示,克服怯场心理,使情绪稳定;考试中出现突发状况,不要慌张,按平时解决问题的对策来解决。考完一科,立马投入下一科的复习与准备工作。

◆ **考试后,反思总结要及时**

考试结束后,是最好的复习时机,很多学生往往这个时候选择放松,而没有利用好这个机会提升自我。

考试结束后,指导学生认真纠正试卷上的错误。错误的试题,让学生分析自己没做好的原因,是知识不懂,还是失误致错,要找出原因,确实不清楚的可以找科任老师协助。讲评试卷时,要指导学生认真做好笔记,做对的题目也要认真听。

建议让每个学生准备一个错题本,便于规整易错题,及时查漏补缺。

好书推荐

《融于教学的形成性评价(原著第2版)》

[美]迪伦·威廉/著　王少非/译

江苏凤凰科学技术出版社

推荐理由:作者认为,教育水平对个体和社会的发展有着巨大的影响,而提升教育水平,关键在教师。每位教师都能在课堂上做出改变,以提升教学质量,这比学校改革和课程改革有效果。在课堂教学中融入形成性评价,就是提升教学质量的有效方法。本书中,作者采用理论与实践相结合的方式,介绍了形成性评价的5种关键策略,并提供了70多种课堂形成性评价的实用技术,这些在普通课堂就能实施,无须额外资源,可以帮助教师改进教学实践,提升学生学习成效。

合理开展学科测评

> 教育评价事关教育发展方向,有什么样的评价指挥棒,就有什么样的办学导向。……坚持科学有效,改进结果评价,强化过程评价,探索增值评价,健全综合评价,充分利用信息技术,提高教育评价的科学性、专业性、客观性。……坚持以德为先、能力为重、全面发展,坚持面向人人、因材施教、知行合一,坚决改变用分数给学生贴标签的做法……切实引导学生坚定理想信念、厚植爱国主义情怀、加强品德修养、增长知识见识、培养奋斗精神、增强综合素质。
>
> ——《深化新时代教育评价改革总体方案》
>
> 学生发展质量评价主要包括学生品德发展、学业发展、身心发展、审美素养、劳动与社会实践等五个方面重点内容,旨在促进学生德智体美劳全面发展,培养适应终身发展和社会发展需要的正确价值观、必备品格和关键能力。
>
> ——《义务教育质量评价指南》

教学是教师的教和学生的学相统一的活动过程,其重点是要关注学生的学。经过一段时间的教学,我们的学生学得怎么样?必备知识掌握了多少?关键能力有无提升?核心价值观念有无落实?解决实际问题的素养是否形成?这些都需要我们对阶段性教学实践进行科学合理的测评。科学的学科测评不仅有检验教学效果的作用,也能有效地促进教师的教和学生的学。

◆ **纸笔测试**

◎ 确定测试范围。无论是单元测试,还是半期测试、期末测试,我们都需要提前确定测试的范围,并提前告知学生。如果是学业质量监测,其范围是以往学习的所有内容;如果是阶段检测,其范围就应该是某几课或某几单元。

◎ 提高命题质量。试题相当于尺子(测量工具),学生是被测量的对象。试题质量直接关系测试结果的科学性。要命制一套好的试题,很考验老师的功底和水平,一般来说,要考虑题型、结构、分值、难度、信度、效度、覆盖面等诸多因素。建议大家在命题之前要科学研制双向细目表。

202×—202×学年上期
初二年级道德与法治学科期末试卷命题双向细目表

考试时间:与历史共90分钟　考试方式:合堂分卷　闭卷　满分:100分

题号	考点	题型	识记	理解	应用	分析	综合	易	中	难	值	试题来源	分值	预估分值
1	关注社会	选择题		√				√			0.90	原题	4	3.6
2	个人与社会的关系	选择题		√				√			0.85	改编	4	3.4
3	认识规则	选择题	√						√		0.70	原创	4	3.2
4	遵守规则	选择题			√				√		0.75	改编	4	3.0
5	尊重他人	选择题		√				√			0.85	改编	4	3.4
6	亲情、友情	选择题		√					√		0.75	改编	4	3.2
7	文明、节俭	选择题		√					√		0.70	原创	4	3.2
8	承担责任	选择题		√					√		0.75	改编	4	3.0
9	诚信、责任	选择题		√					√		0.70	改编	4	3.2
10	平等、诉讼	选择题		√				√			0.90	原题	4	3.6
11	国家利益	选择题		√					√		0.75	改编	4	3.4
12	树立国家安全意识	选择题	√					√			0.90	原题	4	3.6
13	正确认识网络、诚信	主观题		√	√	√			√		0.70	改编	8	4.8
14	犯罪的认识	主观题				√				√	0.57	改编	16	9.12
15	实干创造未来	主观题	√		√				√		0.5	原创	12	6.0
16	服务社会、文明有礼	主观题	√		√		√		√		0.70	原创	16	9.6
	合计										0.74		100	69.32

试题命制的注意事项:第一,不能整套试题照搬别人的;第二,依据课标和学情命制,不得命制超标试题;第三,试题要严谨,不要出现错题、无解题;第四,减少死记硬背式试题,增加开放性试题,改进试题情境,考查学科素养。

试题命制示例

【机密】2022年
4月28日前

**2022届九年级适应性考试
道德与法治试题**

（开卷　本卷共两个大题，满分50分，与历史学科共用90分钟）

注意事项：1.试题的答案书写在答题卷上，不得在试卷上直接作答。
　　　　　2.作答前认真阅读答题卷上的注意事项。
　　　　　3.考试结束，由监考人员将试卷及答题卡一并收回。

一、选择题（下列各题的备选答案中，只有一项是最符合题意的，请选出。本大题共10小题，每小题2分，共20分）

1.2022年3月4日晚，在北京冬残奥会开幕式上，盲人火炬手李端在点燃主火炬时遇到困难，此时，全场的空气似乎凝固，只有李端还在不懈努力。如果你是现场观众，你会
　A.高声告诉他："把火炬竖起来"　　B.鼓励他，为他"加油"
　C.抱怨："真无能，为国家丢脸"　　D.冲上前去帮助他点火

◎ 规范试题格式。试卷主标题要用小二宋体，其他标题及编号规范参见"第十三章第三节"的内容。特别提示：每个小题的题号要悬挂缩进1.5个字符，以突出题号；每版的选项编号要纵向对齐，选项长短要尽量做到均等；根据版面适当调整行距，实现版面清晰、美观。试卷每页要设置页脚，其样式为"×××试题第×页　共×页"，每套试卷要根据学科特点，控制字数。

◎ 在编制试卷的同时也要编制答题卡和答案。答题卡的编制要考虑学生答题的习惯、试题答案的多少、阅卷的方式等因素。

◎ 控制考试频次。在"双减"背景下，我们要根据学段学情和国家政策要求，适当安排测试频次。具体要求参见《教育部办公厅关于加强义务教育学校考试管理的通知》（教基厅函〔2021〕34号）。

◎ 结果的运用。测试的结果要实行等级评价，一般分4至5个等级。考试结果不排名、不公布，以适当方式告知学生和家长。不得将考试结果在各类家长群中传播。不得按考试结果给学生调整分班、排座位、"贴标签"。

◆ **讲评要求与方法**

讲评是重要的教学形式。讲评的任务就是针对学生测试反映出来的问题进

行诊断、强化、示范、补授、矫正、激励。讲评应针对学生测试中的普遍性问题,分析原因,查漏补缺,不能用集体核对答案代替讲评。教师应指导学生进行自我评价、自我纠错。

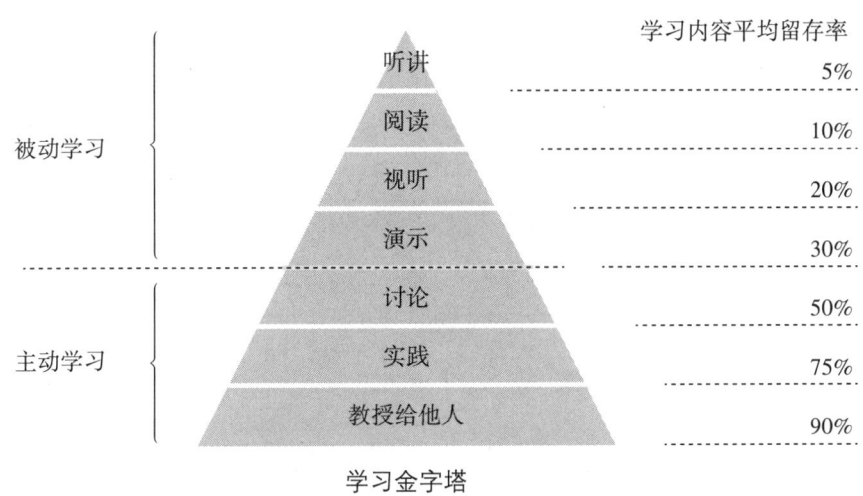

学习金字塔

(资料来源:美国缅因州国家训练实验室)

讲评的基本环节应该包括:试卷(作业)分析→考点说明→试题分析、样本解析、方法指导→标准及样本展示→重点考点变式训练。

讲评的过程应充分调动学生的主动性、积极性,发挥学生的主体作用。避免老师一讲到底、方法单一,既不注意启发学生思考,也不引导学生积极参与,课堂气氛平淡,缺乏生机,效果欠佳。

◆ 行为测查

学生学习过程中某些能力的提升,仅凭纸笔测试是不能检测出来的,这就需要设计多元的测评方式,其中,行为测查是重要方式,这里简要介绍以下三种:

◎ 口试。主要在小学低段的语文、数学、英语等学科中采用,以对学生的学习情况进行检测。我们在命制口试试题的同时,要编制好评价标准。一般来说,评价标准是将学生行为分成4个等级,并将行为具体化,便于操作。口试需要一对一进行。

◎ 实作考查。主要是针对小学科学、中小学信息技术、中学物理、中学化学、中学生物、通用技术等实验操作的考查,还包括音乐、美术等学科的素质测查。

◎ 道德(劳动)行为发展性评价。此项评价是针对学校道德教育知行不一的问题,通过不同主体从不同场域中观察学生在道德观念支配下的道德(劳动)行为发展性变化,促进学生良好道德行为的养成与发展,而不是对学生道德水平的认定,也不计入学生综合素质评价。

××区在充分调研论证的基础上,编制出了《××区中小学生道德(劳动)行为发展性评价手册》,并且分发到每位学生手中,这是学校德育的重要课程资源。

××区中小学生道德(劳动)行为发展性评价指标体系及评价要点示例

××区学生道德(劳动)行为发展家长评价表(9月)

维度	要点	行为表现			
爱党爱国	重要节日	能说出中秋节的农历与公历时间	能说出中秋节的农历与公历时间和来历	能说出中秋节的农历和公历时间,了解节日习俗或神话故事	能说出中秋节的农历和公历时间,了解节日习俗,参加庆祝活动(吃月饼、放花灯等)
		[A]	[B]	[C]	[D]
	关心时事	不收看、收听新闻联播和家乡时事新闻	很少收看、收听新闻联播和家乡时事新闻	有时收看、收听新闻联播和家乡时事新闻	经常收看、收听新闻联播和家乡时事新闻
		[A]	[B]	[C]	[D]
遵规守纪	按时作息	不能按时睡觉、起床	在家人的督促下基本能按时睡觉起床	上学期间能按时睡觉、起床,周末晚睡晚起	每天都能按时睡觉、起床
		[A]	[B]	[C]	[D]
	个人卫生	不主动洗漱、梳头或勤理发、勤剪指甲等	在家人敦促下能洗漱、梳头或定期理发、剪指甲等	能做到按时洗漱、梳头,定期理发、剪指甲等	能主动自觉做到认真洗漱、梳头,定期理发、剪指甲等
		[A]	[B]	[C]	[D]

续表

维度	要点	行为表现			
诚实守信	以诚相待	时常对家人有欺瞒行为	有时欺瞒家人	很少欺瞒家人	以诚相待，从不欺瞒家人
		[A]	[B]	[C]	[D]
	说到做到	答应家人的事基本上做不到	答应家人的事有时能做到	答应家人的事多数时候会做到	答应家人的事都会尽最大努力做到
		[A]	[B]	[C]	[D]

××区中小学生道德(劳动)行为发展性评价手册

学生道德(劳动)行为发展评价手册 （小学1~2年级） 学校：_____ 班级：_____ 姓名：_____ ××市××区教师进修学院 2021年	学生道德(劳动)行为发展评价手册 （小学3~6年级） 学校：_____ 班级：_____ 姓名：_____ ××市××区教师进修学院 2021年	学生道德(劳动)行为发展评价手册 （中学7~9年级） 学校：_____ 班级：_____ 姓名：_____ ××市××区教师进修学院 2021年

资料宝库

教育家名言

只有集体和教师首先看到学生的优点，学生才能产生上进心。

——苏霍姆林斯基

人像树木一样，要使他们尽量长上去，不能勉强都长得一样高，应当是：立脚点上求平等，于出头处谋自由。

——陶行知

科学评价学生的作业

> 期末,各位老师不仅忙着完成繁重的复习任务,还要完成各种资料的上交工作。放假前,新入职的老师还在办公室里费力地书写学生这学期的学业评价语,而同一办公室里的老教师早已完成并已将纸质版打印好了。

学生学业评价是每位老师每学期都要做的事,这关乎学生一学期的表现,家长非常看重,因此,不能简单了事。一个好的评价应解决以下问题:评价的目的是什么?评价的焦点是什么?评价需要什么?谁参与评价?怎样实施评价?用什么标准进行评价?

简洁有效的评价设计,易于理解和实施,也不太会成为师生的负担。

◆ **学业测试评价占主体**

在"双减"背景下,教育部门对每学期考试测评次数有明确规定。根据不同学段的实际情况,可采用书面测试与非书面测试相结合的学业评价方式。

◆ **强化学业过程性评价**

书面测试次数受限,我们可以强化学业过程性评价,做到"平时备好,期末来用"。学生各科作业情况、课堂提问回答情况、小组讨论表现、课堂思考与感受记载等都可以作为学业过程性评价的重要内容。

评价的参与者,还应当包括学生自己。学生简短的自我评价,加上前面部分,构成学生的过程性评价的全部内容。

◆ **以评促学**

由结果性评价与过程性评价等形成的完整的学业评价,对学生的学习及成长具有重要作用。要尽可能让学生知晓评价的结果及过程和标准,并让学生参与到标准的制订当中。

我们还要对评价结果进行分析,从中得到有用的信息。我们也要对自己的教学进行评价与反思,不断改进教学,促进学生发展。

总之,通过评价,发现问题,及时调整,推动师生共进。

好书推荐

《教师应该知道的脑科学》

[英]乔恩·提布克(Jon Tibke)/著　王乃弋,朱旭东,等/译

教育科学出版社

推荐理由:教师为什么需要了解关于脑的知识?关于脑,教师应该知道些什么?学生应该了解哪些脑科学知识?如何掌握准确可靠的信息?学校如何参与和影响研究?这不是一本汇集各种脑科学知识的教科书,没有大量的生物学术语,相反,它是一本指南,面向教师、面向教学、面向课程,既简明扼要地指出已有脑科学研究中的精华,又能带领教师跳出纷繁复杂的研究海洋。本书作者毫无保留地站在教师的立场,对神经科学和教育的关系采取了批判而积极的态度。这是一本真正为教师而写的脑科学入门书,翻开它,你也可以成为一名善于"用脑"的教师。

第十三章
规划职业未来

恭喜你！顺利走过了第一年！不管是一路坦途，还是跌跌撞撞，这一年注定是不平凡的一年。经历过的酸甜苦辣，都将随时间沉淀为你成长的财富。熬过最艰难的第一年，你已经取得了从教生涯的第一个胜利。但是漫漫教育生涯路，还有无数个关需要你去闯，也有无数道坎需要你去跨越。本章将带你规划自己的职业未来，当名师也好，做骨干也罢，希望你在教育的沃土上寻找到属于自己的诗和远方！

有颗成为名师的心

> 小刘师范毕业后,通过公招,过五关斩六将,成为一名光荣的人民教师。他十分珍惜,也十分热爱这份工作。然而理想与现实总有差距,从最初的狂热到迷茫再到游刃有余,他经历着、努力着、成长着。而今,10年过去了,小刘老师从一名青涩懵懂的新手成长为区级中青年骨干教师。回顾走过的路,他说,教育的复杂性决定教师会面对各种挑战,要想迎难而上、不断超越,就要有一颗坚不可摧的心,这颗心就是成为一名优秀教师的志向。

拥有成为名师的心,是迈向名师的第一步。这颗心犹如一颗种子,一旦生根就会产生惊人的动力。这动力是我们克服一切困难的勇气。如何拥有这颗心并让它指引我们努力的方向呢?

◆ **找准发力点**

成为名师的途径很多,发力点就是自身的优势。每位教师都有自己的优势,要利用自己的优势,一步步成长。比如:善于表达者,可通过赛课展示自我,提升自信;善于写作者,可通过教育日记、论文撰写等,内化修养,坚定志向;在某方面有特长、善于指导学生的,可通过指导学生参加书法比赛、绘画比赛、体育竞技、学科奥赛等,发挥自身优势。

◆ **借助榜样的力量**

榜样的力量是无穷的。见贤思齐之心,人皆有之。树立榜样,向榜样学习。初为人师,不妨先将本校优秀教师作为参照对象,不断向他们学习,进而放眼全区、全市、全国,让榜样成为我们志向的养料,不断汲取,向下扎根,向上生长。

◆ **抓住一切提升机会**

青蓝工程是新教师快速成长的良好平台。每年学校和上级部门精心组织青蓝结对,是教师的重要成长机会,我们可予以关注,积极参加。另外,各种培训,可以从不同角度给教师提供学习资源。国家智慧教育云平台、各大教育机构网络学习平台,也有很多名师名家的课堂实录和讲座可供教师自主选学。只要做有心人,就不会缺少成长的机会。

◆ **不断强化志向**

有人说,走得再远也不要忘了来时的路和当初的梦。现实的林林总总难免会分散我们眼里的光,这时,我们就要多读名家名师故事,不断重温那些令我们感动的教育瞬间,用那些激励着我们前行的榜样力量进一步坚定我们最初的理想信念。

◆ **注重平时积累**

不积跬步,无以至千里。厚积才能薄发,这种积累就是我们迈步的基石,要时时积累,多学善思。把积累的知识用于实践,把实践的经验加以累积,日积月累,就架构起了广博的知识体系,形成了优雅的气质。

◆ **善于教学创新**

一味模仿只能成为别人的影子。真正优秀的教师必定有自己的教学方法和教学风格。这就要求教师多学多思、善于创新,针对不同的教育对象和不同的教学内容,找出最合适的教育方式。当然,创新的基础是不断学习和积累,正如《礼记》中所说:"学然后知不足,教然后知困。"

◆ **重视成果分享**

分享不仅是一种美德,更是一种乐趣。把自己实践中取得的经验转化为文字,给更多的人提供借鉴。那种帮助他人、实现自我的乐趣,会让我们的内心一直浸润在幸福里,这也将促使我们带着喜悦去遇见更好的自己。

没有目标和追求的一生,注定是空空荡荡的一生,也是碌碌无为的一生。伴随着你的努力,你的志向会一步一步明确,然后更加清晰,最后一切皆如你所愿!

好书推荐

《读书成就名师——12位杰出教师的故事》

张贵勇/著 教育科学出版社

推荐理由:杰出教师们成功的秘密是什么?书中的一个个故事,为我们呈现了12位杰出教师的读书经历、读书内容、读书方法以及最难忘的读书瞬间。12位名师就是12种不同的阅读风景。我们可以各取所需,用读书成就自己,本书有助于中小学教师通过阅读实现专业发展。

书中自有诗和远方

> 几位头发花白的老人敲开了包间的门,无一例外地与等候着的一位老者握手、拥抱。这位老者便是当代中国最具影响力的人文学者之一——钱理群先生。几位老人是他在安顺卫校教书时,头几年送走的一批学生,也都在各自领域内小有成就。阔别37年的第一次重逢,他们一起回忆着那些从阅读开始的追梦故事。

在那个物资极度匮乏的年代,钱理群先生和他的学生深信阅读的力量,深信书中自有生活之外的诗和远方,于是他们一起开创了一片新天地。在这片新天地里,他们废寝忘食地读鲁迅、读王国维、读巴金……读家乡、读中国、读世界……他们丰硕的内心带着他们的梦想,穿越了时间,跨越了空间,领略了最阔的人生。而今,肩负使命的我们,又该怎样勾勒我们与学生的诗和远方呢?

◆ 坚持

有人曾说,所有的老师都应首先是个语文老师,有丰厚的文化底蕴、博古通今的儒雅之气,这本身就是极好的教育榜样。这就是所谓的"你的气质里有你走过的路和你读过的书"。这样的老师才是教育春风化雨的最美样子。那这些积累从哪里来?阅读,阅读,再阅读。每天坚持阅读,利用碎片化的时间,如饭后、睡前。每天抽10~30分钟时间看1~3篇文章,再用5~10分钟时间做笔记,摘录一些好词好句,写下自己的体会等。利用上课时间,每周保证一堂自由阅读课。利用双休日和短假期阅读章回体或故事情节独立性较强的作品,利用长假期阅读大部头文字。所谓习惯成自然,养成了良好的读书习惯,就会把读书当成生活中不可或缺的部分。

◆ 计划

所谓"预则立,不预则废"。在每学期开始前,就要计划好本学期大约读多少书,阅读哪些方面的书,最好拟定详细的阅读书目。老师也可以和学生一起拟定书目,阅读相同的书籍,因为要想和学生有共同的话题,一起阅读并一起探讨阅读的内容是非常有效的方式。在学期阅读计划的基础上,制订每月的阅读清单以及每周的阅读书目,使自己和学生清晰地知道阅读进程。群体的阅读氛围会使墨香氤氲,滋养每一颗求知的种子。

◆ 坚守

无论是在生活逼仄的特殊年代,还是在柴米油盐挤占日常的平凡岁月,有一样东西从未发生改变,那便是阅读带来的力量。阅读能带我们领略各种旖旎的风景。无论在何种现实状况下,沉浸在书籍里的内心,总能获得安宁。

◆ 影响

成功的教育是灵魂影响灵魂。单纯地教授知识是影响不了学生的灵魂的,让学生爱上阅读,让他们获得这种终身学习的途径,将是做教育的最大成就之一。但是不爱阅读的老师是教不出爱阅读的学生的,所以,成为一个爱读书的先生是我们的职责。

◆ 纸质书

随着科技的发展,现代书籍有两类:纸质书和电子书。电子书占用的空间小,携带方便,检索方便,文字借用效率高,有许多优势。但我们还是应该多读纸质书。纸质书方便做笔记,能随时记下心得体会和灵感。阅读纸质书更有仪式感,更有读书的味道。

◆ 多读

据统计,世界上人均阅读量最大的是以色列,人均年阅读64本书,俄罗斯人均年阅读55本书,美国人均年阅读50本书,德国人均年阅读47本书,日本人均年阅读47本书,法国人均年阅读20本书,中国人均年阅读仅4.35本书,读书赤字太大了。我们应多读书。书犹如一叶轻舟,载着我们在知识的海洋里遨游。书是收获希望的土地,要辛勤耕耘,才能获得更多的粮食。

◆ 升华

阅读贵思悟,贵知行,贵著述。阅读不能只停留在学而不思、为读而读的初级阶段。由读到写应如水到渠成。古语说:"读书破万卷,下笔如有神。""熟读唐诗三百首,不会作诗也会吟。"将读书的所思所悟记录整理就是写作的雏形。

那些散发着馨香的文字呀,载着五彩的诗和远方,让我们的人生变得美好而辽阔,一起去领略吧!

好书推荐

《如何阅读一本书》

[美]莫提默·J.艾德勒,查尔斯·范多伦/著　郝明义,朱衣/译

商务印书馆

推荐理由:只有主动的阅读才是真正有效的阅读。这是一本关于阅读的永不褪色的指导经典,它将教会你从海量信息中读出真知识,从浅层阅读走向深度理解;让你明确阅读的目的,学习不同读物的阅读技巧,系统掌握四大层次的高效阅读方法,让你学会读书、爱上读书、享受读书。

精彩人生需笔耕

> 著名教育家李镇西老师有这样一段话,可以给我们很多启发:
>
> 20多年的教育成长经历告诉我,教师的写作,对于教师成长实在是有着十分重要的作用。比如,也许老师是因为《爱心与教育》而记住了我的名字,我也因这本书而赢得了许多读者的尊敬,并渐渐被人称作"教育专家"。但其实只有我自己知道,我并不比千千万万的普通老师高明多少。常常在外面向同行们作汇报时,我总是说:其实,我和大家是一样的——对学生的爱是一样的,对教育的执着是一样的,所遇到的困惑是一样的,所感受到的幸福也是一样的,甚至包括许多教育教学方法或者技巧都是一样的!如果硬要说我和大家有什么不一样的话,那就是我对体现教育的爱、执着、困惑、幸福、方法、技巧的故事进行了些思考,并把它们一点一滴地记载下来,还写成了书。仅此而已!

如果说反思是教育科研的本质,那么专业写作则是一名普通教师成长为名师的有效途径。李镇西等无数优秀教师的成长已经证明了这一点。我们坚信,更多正在成长的教师也将继续证明这一点。因为专业写作不仅仅是单纯的写作,它必然伴随着实践、阅读与思考。它与实践相随,与阅读同行,与思考为伴。

◆ **笔耕可以这样做**

◎ **教好书**:通过教育教学和管理工作实践,体验生活,积累素材,为提升奠基。

◎ **带好班**:担任班主任,承担学生教育工作,拓展和体验不一样的工作内容,充实素材和积累经验。

◎ **广阅读**:通过阅读(尤其是阅读优秀作品),积淀写作素材和素养,体验谋篇布局,学习借鉴写作技巧。阅读以纸质读物更佳,方便记笔记、写心得。

◎ 细观察：对课堂、学生、管理等要进行大量的研究，观察每个细节，在观察中发现问题，寻找写作对象，为写出实在且有深度的教育教学感悟奠定坚实的基础。

◎ 勤思考：写作不是简单地记流水账，要先拟提纲，勤思考，发挥自己的想象和创造，才能呈现逻辑，上升本质，写出创新点。

◎ 多写作：不到水中呛几口水，很难学会游泳。不参与实际写作，多多练手，何有神来之笔。我们要多写作：一是写好教案和教学反思；二是体验新闻短稿撰写；三是撰写专项活动计划与总结；四是撰写案例分析；五是尝试论文写作；六是著书立说。

◎ 反复改：撰写是文章的基础，修改是提升的关键。既可以自己修改，也可以同行讨论，如有专家点拨更佳。只有经过反复推敲和打磨，才能提高文章质量。人们常说"文章是改出来的"。改的次数少了，表述不精。在修改中规范、思考和提升。

◎ 研课题：课题研究集实践、观察、协调、思考、写作于一体，课题研究是写作的促进剂。课题研究可以从小课题开始，再到区级乃至市级和国家级课题。要积极参与课题研究，在研究与总结中提升和成长。

◎ 乐展示：文章参与交流获得他人认可，朋友圈分享得到同行点赞，参加评选获得名次，期刊发表获得好评……成功的喜悦，更能激励我们写作的兴趣和积极性。

◆ 笔耕需要讲规范

◎ 用词避免"禁用"，合理使用"慎用"

避免禁用词，合理使用慎用词，这是值得注意的严肃问题，具体另述。

◎ 文本排版讲规范

字体字号、间距、居位、图表标注要统一。正文第一段与题目间留一至两个空行。段首文字缩进两个字符。有落款的材料，文尾与落款间留两个以上的空行。

◎ 标点符号符合规范

标点符号使用错误是一个普遍性问题。现将常见标点符号使用错误归纳如下。

常见标点符号使用正误示例

序号	错误描述	错误示例	正确示例	说明
1	标点符号连用	①施光南讴歌改革开放的代表作品有:《祝酒歌》、《在希望的田野上》、《我的祖国妈妈》等。②加强校园"警务室"、"护学岗"、"安全网"建设	①施光南讴歌改革开放的代表作品有:《祝酒歌》《在希望的田野上》《我的祖国妈妈》等。②加强校园"警务室""护学岗""安全网"建设	标点符号一般不连用
2	标示数值不规范	①2023--2025年。②2-5人。③5、6天。④二0二三年,二零二三年	①2023—2025年。②2~5人。③五六天。④二〇二三年（通过插入"日期和时间"添加）	表时间、地名、行车区间用"—";数值范围用"~";概数用中文数字;年月日用中文方块字
3	并列分句用逗号统领	学校……,家庭……,社会……	学校……;家庭……;社会……	并列分句用分号统领
4	同形括号套用	教学素材("美丽乡村"创建成就、村(居)民主管理的实践活动)	教学素材["美丽乡村"创建成就、村(居)民主管理的实践活动]	同形括号不套用,不同括号配合用
5	图表说明文字末尾使用句号	注:数据截至2023年底。	注:数据截至2023年底	图表后的说明文字,句末不用句号
6	公文发文年号括号使用不规范	[2023]9号	〔2023〕9号	用六角括号"〔〕",不用"[ ]"
7	句内括号行文末尾使用标点符号不当	成立接待组(组长由张晓山担任。),负责接待工作。	成立接待组(组长由张晓山担任),负责接待工作。	括号内文末可用问号、叹号和省略号,不用其他标点符号
8	附件的名称后使用标点符号	附件:1.电影观看统计表。	附件:1.电影观看统计表	附件名称后不用任何标点符号

续表

序号	错误描述	错误示例	正确示例	说明
9	标题换行分段时使用句号	（一）着力"一体化"建设。 为落实"******"的根本任务,必须……	（一）着力"一体化"建设 为落实"******"的根本任务,必须…… 或（一）着力"一体化"建设。为落实"******"的根本任务,必须……	标题换行分段时不用句号。若要用句号,则不需换行分段
10	冒号误为比号	使用英文冒号,如9:00、22:00或比号(:)	中文冒号(如9：00、22：00)	小时与分钟之间要正常使用符号
11	破折号误用	两个一字线"— —"或一个化学单键号"—"	破折号为"——"(两个一字线连在一起)	使用破折号的正确形式
12	省略号误用	......	……	使用省略号的正确形式

◎ 标题序号讲层级

常见标题序号正误示例

标题层级	典型错误示例	正确序号示例
一级	一．二．三，	一、二、三、
二级	（一）、（二）.（三），	（一）（二）（三）(括号为全角)
三级	1.2.3、	1.2.3.(全角实心下圆点)
四级	(1)、(2),(3).	（1）（2）（3）(括号为全角)
五级	1)、2),3).①、②、③.	1)2)3)或①②③
六级	A.B、C,	A.B.C.
七级	a.b、c,	a.b.c.
其他	第一、首先、等等	第一,首先,等等
备注	同一层次序号标识要一致;可跳级使用序号(如一、1.);若层级较少,不用加括号的序号	

◎ 图表标注合逻辑

文中图、表、公式等一般用阿拉伯数字连续编序,标注形式应便于区别,比如:"图1、表2、式(5)"等。表的标题置于表上,图的标题放在图下。

好书推荐

《童年的秘密》

[意]玛丽亚·蒙台梭利/著　马荣根/译

人民教育出版社

推荐理由:蒙台梭利是第一所"儿童之家"的创办者,以她的名字命名的蒙台梭利学校遍及近110个国家。她的传记被列入12位"帮助世界的人们"传记丛书之一。英国教育家赞誉她为"20世纪赢得世界公认的推进科学和人类进步的最伟大科学家之一"。美国教育家赞誉道:"当代讨论学前教育问题,如果没有论及蒙台梭利体系,便不能算万全。"德国教育家这样评论:"在教育史上,能像蒙台梭利教育法如此举世瞩目的并不多见。"

本书对6岁以下儿童的生理和心理发展及其特点进行了探讨,对幼儿心理畸变的种种表现及成人与儿童的冲突也作了分析,同时提出了幼儿教育的原则及教师和父母的职责。该书围绕着学前儿童身心发展,主要论述了幼儿生理和心理的发展、幼儿教育的原则及环境、幼儿心理的歧变、成人与儿童的冲突等四个方面的问题。

未来5年巧规划

> 小君是师范院校毕业的高才生,在一所高中担任语文教师。刚参加工作时,学生、授课……她对一切都充满着新奇感,对工作信心百倍,对未来有着无尽的期许。半年后,生活环境和教育教学开始熟悉,新鲜感逐渐消失,工作的单调、无趣、烦琐随之而来,一切进入常态。她开始产生对这种生活和工作的抗拒,她迷茫无助。正当她准备辞职时,《给青年的十二封信》《行动变现:如何让我们的拼搏更有价值》两册涉及人生规划的书深深启发她设定目标、制订职业规划。5年后她成为区级骨干教师,10年后她成为市级名师,20年后她出版了著作,开启了名家之路。她将教师生活过得风生水起,她的教学生涯一路欢歌!

人的一生怎样度过?这是每一个人都回避不了的问题。今天的规划与3年、5年、10年后的生活息息相关。人们常说,没有规划的人生叫拼图或流浪,有规划的人生叫蓝图或航行。没有规划的人生是盲目的,忙易出错,盲无实效。有规划的人生会更加精彩。

教师生涯目标,你规划好了吗?

◆ **做好职业规划**

生活、家庭、学习、职业、发展……人生需要规划的内容很多。1年、3年、5年、10年、20年、30年……人生规划有长有短。

制订好职业发展规划,引导自己的职业生涯,对于教师来说非常重要。职业发展规划内容上包括师德修养、学习培训、教学工作、教育及班主任工作、科研工作、管理工作等;层次上包括合格教师、校区市省以及国家级骨干教师、名师、教育专家等。大家可以参照下表,也可以自行制订自己的"5年职业规划",引导职业生涯。

教师职业生涯规划示例

项目		发展目标		
师德修养		A.师德合格	B.校级师德标兵	C.区级师德标兵
学习培训	教育理论	A.3册	B.6册	C.9册
	专业知识	A.3册	B.6册	C.9册
	专业培训	A.入职培训	B.专业培训	C.专业发展培训
	完成学时	A.10学时以上	B.20学时以上	C.30学时以上
教学工作	公开教学	A.校级	B.区级	C.市级
	优质课	A.校级	B.区级	C.市级
	基本功大赛	A.校级奖	B.区级奖	C.市级奖
	指导学生	A.校级奖	B.区级奖	C.市级奖
	学生满意度	A.50%以上	B.60%以上	C.75%以上
	骨干作用	A.合格教师	B.校级骨干教师	C.区级骨干教师
教育工作	班主任工作	A.见习班主任	B.担任班主任	C.年年担任班主任
		A.合格班主任	B.校优秀班主任	C.区优秀班主任
	德育工作	A.合格德育工作者	B.校级优秀德育工作者	C.区级优秀德育工作者
科研工作	现代教育技术	A.办公软件熟练	B.网络交互运用	C.构建资源库
	课题研究	A.校级1项以上	B.区级1项以上	C.市级1项以上
	校本课程开发	A.1门	B.2门	C.3门
	论文/案例	A.校级奖	B.区级奖	C.市级奖或发表
管理工作	协助处室工作	A.处室协助人员	B.处室工作人员	C.坚持处室工作
	走上管理岗位	A.处室干事	B.处室副主任	C.处室主任
其他				

◆ **做好文档管理**

文档包括纸质文档和电子文档。为检索方便快速,最好组建电子文档(纸质资料扫描成电子版),并分类存放。示例如下:

电子文档管理示例

类别	示例
管理文档	01办公室　02党团　03德育　04教学与科研　05后勤服务　06安全管理　07工会　08其他
个人文档	01教学文档　02班级管理　03计划与总结　04课题研究　05论文与著作　06继教与培训　07参赛与获奖　08其他
业绩文档	01资格类　02培训提升　03教育业绩　04教学业绩　05指导业绩　06科研业绩　07骨干作用　08评优评先　09年度考核　10管理业绩　11其他

◆ **创建业绩清单**

缺乏时时盘点和督促，目标将形同虚设。为了让自己更好地成长，建议编写"个人成长业绩清单"。这既是对自己成长过程的记载和总结，也可以通过清单了解自己在成长过程中的长处和短处，激励自己持续进步。

×××同志个人成长业绩清单（样例）

（××××年××月——××××年××月）

项　目	主要业绩
一、资格证书	2023.06.20　××师范大学思想政治教育专业四年制本科毕业 2023.04.27　高级中学教师资格证书，×××× 2025.07.05　区中学政治骨干教师，××××
二、组织关系	2023.09.15　中共预备党员，中共××市××中学第一党支部（介绍人：×××，×××） 2024.09.14　按期转中共正式党员，中共××市××中学第一党支部
三、学习简历	2007.09—2013.06　××××小学读小学（证明人：×××） 2013.09—2016.06　××××中学读初中（证明人：×××） 2016.09—2019.06　××××中学读高中（证明人：×××） 2019.09—2023.06　××师范大学思想政治教育专业学习，获法学学士学位（证明人：×××）
四、工作履历	2023.07—2024.06　××市××中学政治教师（证明人：×××） 2024.07—　　　××市××中学德育副主任兼政治教师（证明人：×××）

续表

项目	主要业绩
五、参加培训	2023.08.08—2023.08.20 区级岗前培训,获结业证书,×××× 2023.08.21—2023.08.27 区级新教材培训,获结业证书,××××
六、教育业绩/班级管理	2023.09—2024.06 担任高2023级1班班主任。班级概况:××× 2024.05 高2023级1班获××××优秀团支部,××××团委

七、教学情况（日常教学）

授课学年	课程名称	课程性质	周课时数	学期总课时数	听课节数	备注
2022/春季	思想政治	必修课	10	300	21	
2023/秋季	思想政治	必修课	10	300	22	
……	……	……	……	……	……	

总任课时数××节,年均××节　总听课时数××节,年均××节
1. 课程性质指必修课、选修课、课外活动、社会实践等
2. 周课时和总课时应以实际课堂教学数量填写(区县有正式文件规定的,须作附件,依其规定填写)

七、教学情况（承担公开课、优质课等示范教学情况）

时间	课程名称	组织单位	授课对象	学生数
2024.04	基层群众自治	××区教师进修学院	全区高一、高二思政教师40人和高一(6)班学生	50人
2024.10	高考认识及命题预测	××区教师进修学院	全区高三思政教师22人	
……	……	……	……	……

八、获奖情况（教学获奖）

获奖年月	授奖单位	奖励内容/荣誉称号	本人排名	获奖级别
2022.11	××××教育委员会	××××优质课大赛	1	县级教育行政部门一等奖
2023.10	××××教育委员会	第××届全国学生"学宪法讲宪法"活动(演讲)	第一指导教师	××市一等奖
……	……	……	……	……

续表

项 目	主要业绩				
八、获奖情况（论文/著作获奖）	获奖年月	论文名称	授奖单位	奖励内容/荣誉称号	本人排名	获奖级别
	2023.04	培育政治认同的路径初探	××市教育学会中学政治专业委员会	××市第××届思想政治教学论文评选	独立完成	××市一等奖
	2024.04	中学生社团实效性研究策略初探	××市教育学会教育管理专业委员会	教育管理优秀论文评选	第一作者	××市二等奖
	……	……	……	……	……	……

项目	获奖年月	授奖单位	奖励内容/荣誉称号	本人排名	获奖级别
八、获奖情况（学生教育管理工作获奖）	2022.07	××区教育委员会	指导学生张××获区三好学生	1	县级/其他
	2023.07	××市教育委员会	所带高三（2）班获××市优秀班集体	1	省级教育行政部门
	2023.11	××市××区人民政府	指导学生×××获××区青少年科技创新奖	1	县级/其他
	……	……	……	……	……

项目	获奖年月	授奖单位	奖励内容/荣誉称号	本人排名	获奖级别
八、获奖情况（指导教师获奖）	2023.09	××市教育委员会	指导×××被评为"××市普通中小学优秀班主任"	1	省级教育行政部门/其他
	2024.02	××市教育委员会	指导×××获××市优质课大赛一等奖	1	省级教育行政部门/一等奖
	……	……	……	……	……

续表

项目	主要业绩					
八、获奖情况（其他获奖）		获奖年份	授奖单位	奖励内容/荣誉称号	本人排名	获奖级别
		2023.09	××区教育委员会	参加区演讲大赛	1	县级教育行政部门/一等奖
		……	……	……	……	……
九、教学业绩	任教高2023级1班和2班,在全区期末检测中平均分75分(居全区第一名)、优生率41%(居全区第一名)、及格率100%(居全区第一名)					
十、科研业绩（论文发表）		论文名称	完成时间	本人排名	发表刊物或出版社	
		精神谱系培育中学生政治认同	2022.05	独立完成	思想政治课教学	
		破解堵点,提升社团实效	2023.08	独立完成	中小学管理(北大核心、CSSCI)	
		……	……	……	……	
十、科研业绩（承担课题）		名称	完成时间	本人排名	课题立项批准单位	
		农村高中生新时代劳动教育的实践研究	2023.07至今	1	××市教育科学规划办	
		……	……	……	……	
十、科研业绩（编写教材）		教材名称	本人职责	本人撰写部分	出版时间及出版社名称	
		高中政治一点通——议题式自主学习构建	独著	600000	2023.11/×××出版社	
		……	……	……	……	

续表

项 目	主要业绩
十一、作用发挥	2022.12 命制"××区×××学科期末质量检测试题",××区教师进修学院 2023.09 被聘为××区2023—2024学年度高二年级×××学科中心备课组指导教师,××区教师进修学院 2023.09 在××新教师培训会上作题为"××××××"的专题发言,××教育委员会
十二、评优评先	2022.09.10 被评为××区成绩突出教师,××区教育委员会
十三、年度考核	2022—2023学年 年度考核合格 2023—2024学年 年度考核优秀,××区委组织部、××区人力资源和社会保障局
十四、其他	

(注:表中内容系杜撰,仅作样例参考)

有了目标和举措,就让我们一起在教育这块沃土上精心耕耘和远航吧!

好书推荐

《走向实证——给教师的教科研建议》

黄建初/编著　华东师范大学出版社

推荐理由:这是一本引导普通教师走向实证研究的入门指导手册,以真实的案例引出道理,基于案例陈述方法,以道理归纳学理,以学理奠基教师的教科研基底,给想要迈入教科研领域的教师以参考、选择。

了解人事政策，助力职业发展

> 小覃从师范院校毕业后到了一所边远的小学任教，听到老教师们谈论说这辈子要是能评个"小高"（小学高级教师，现一级教师）就心满意足了，于是小覃也悄悄地把评"小高"作为了心底的最远大目标。为了实现这个目标，小覃认真上课，认真钻研，在极短的时间内一路过关斩将获得了区县、市、省级赛课一等奖，后来捧回了国家级一等奖，很快就破格评上了"小高"。
>
> 后来，小覃来到了省城，在这里，他才发现在教师发展过程中，"小高"职称以上，还有高级教师、正高级教师；除了职称，还有很多荣誉称号，像骨干教师、学科带头人、学科名师、特级教师、国务院政府特殊津贴专家……在不断努力下，小覃已经被评为了省级学科名师、正高级教师，但他说，职业的路还很长，还有很多可规划、可探索的领域……

有新教师曾经跟我说，他也想制订个人发展规划，但是不知道应该怎么一步步发展。在教师生涯中，我们到底要经过哪些发展阶段呢？我们可以从哪些方面努力呢？事实上，发展的路径千万条，目标也可以各不相同，接下来将带你整体了解人事制度和政策，或许某个方面能给你一点启示。

◆ **开局第一关——试用期满转正**

根据国家相关规定，初次进入事业单位工作人员实行试用期制度，试用期为12个月。教师试用期满后需要进行试用期考核，考核合格的才能转正。全国各地对教师试用期满转正考核的要求有一些区别，但一般至少需要满足两个条件：一是试用期内接受规定学时的新教师培训并合格；二是用人单位考核合格，一般会从德、能、勤、绩、廉等方面进行全面考核。对部分在招聘时未要求提供教师资格证的，在试用期内必须取得教师资格证才能转正。

例如，某区新教师需要同时满足以下条件方能考核合格：(1)取得相应学段学科的教师资格证；(2)试用期间，从事相应学段学科的教育教学工作；(3)完成120学时新教师培训并获得合格以上等级；(4)试用期内未发生违反师德师风、政策法规等有关事项；(5)认真完成了各级教育行政部门、教研部门、学校布置的各项新教师成长任务；(6)试用期内，平时工作考核均取得合格及以上等次。

试用期考核决定着新教师能否转正，考核不合格的将不被聘用，如有特殊情况可申请延期考核和转正。新教师必须高度重视试用期考核，认真学习成长，争取在试用期内以优异的成绩通过考核。

◆ **贯穿一条线——专业技术职务(职称)评审制度和岗位聘用制度**

专业技术职务是对专业技术人员专业技术能力的一种评价，教师序列的专业技术职务分为初级(三级、二级)、中级和高级(高级、正高级)。教师取得专业技术职务任职资格最常见的方式有认定和评审两种。

◎ 认定：主要是初次认定，即在转正后，根据学历水平等，认定专业技术职务(职称)资格，具体认定的规定各地可能略有不同。新教师在试用期内可对当地政策作一定了解，以便提前做好准备。

◎ 评审：目前，教师职称晋升采用的是评审制度。评审是专家根据申请者提供的业绩、成果等材料进行评审后，对申请者专业技术能力作出评价的一种方式。具体有很多详细规定，不同省市略有不同，主要有师德素养、工作年限、班主任工作、教育教学业绩及学术成果、继续教育合格情况等方面的要求。大家可以学习一下当地执行的最新评审政策，早做规划。

取得专业技术职务任职资格后还需要进行岗位聘用，目前，一般采用"评聘结合"的方式。"评聘结合"是什么意思呢？"评"是指职称评审，"聘"是指专业技术岗位聘用，岗位聘用是职称评审结果的主要体现。取得相应层级的专业技术职务任职资格，才能被聘用到相对应的专业技术岗位上(如下表)。

中小学教师专业技术职务(职称)和专业技术岗位对应表

中小学专业技术职务(职称)名称	专业技术岗位名称	
正高级教师	专业技术岗位一级	高级
	专业技术岗位二级	

续表

中小学专业技术职务(职称)名称	专业技术岗位名称	
正高级教师	专业技术岗位三级	高级
	专业技术岗位四级	
高级教师	专业技术岗位五级	
	专业技术岗位六级	
	专业技术岗位七级	
一级教师	专业技术岗位八级	中级
	专业技术岗位九级	
	专业技术岗位十级	
二级教师	专业技术岗位十一级	初级
	专业技术岗位十二级	
三级教师	专业技术岗位十三级	

大家需要注意的是，职称和岗位的指标不是无限供应的，需要教师所在单位该岗位空缺才能申报评审和聘用。

作为新教师，我们要对此有理性的认识，职称评审、岗位聘用只是手段，不是目的，我们要把职称评审作为成长的目标，以此激励自己不断努力、提升自我。当你成长到一定的程度，职称不过是水到渠成、锦上添花。

◆ 骨干那些事——各种荣誉称号

除了职称，教师还有骨干等各种荣誉称号，不少学生、教师、家长对荣誉称号的认可度高于职称。下表是一些常见的教师荣誉称号。

教师荣誉称号汇总表

分类	组织评选部门	荣誉称号
骨干系列	省级教育行政部门	省级名师
		省级学科带头人
		省级学科教学名师
		省级骨干教师

续表

分类	组织评选部门	荣誉称号
骨干系列	地市级教育行政部门	市级名师
		市级学科带头人
		市级学科教学名师
		市级骨干教师
	区县级教育行政部门	区县级名师
		区县级学科带头人
		区县级学科教学名师
		区县级骨干教师
其他称号	国务院	享受国务院政府特殊津贴专家
	中央宣传部、教育部或省、市、区级相关部门	最美教师
	教育部	全国教书育人楷模
	省级人民政府	特级教师
	各级人社部门	有突出贡献的中青年专家
	各级人社部门和教育行政部门	优秀教师

  骨干系列的称号，一般同一个组织评选部门评选的需要逐级申报。比如：申报区县级学科教学名师的教师需要是区县级骨干教师。但是，申报上一级骨干教师不需要本级达到最高，即申请市级骨干教师，不需要一定是区县级名师，区县级骨干教师、学科教学名师、学科带头人均可。如因没来得及申请区县级骨干教师但能力突出的，也可直接申报市级骨干教师。当然，各地评选的条件可能会略有差异，有兴趣的可以阅读当地文件了解。

  其他称号与骨干系列称号之间是平行关系，可分别参评。比如：A老师既是某省骨干教师，也是特级教师，还是享受国务院政府特殊津贴专家。

  需要注意的是，骨干系列的教师荣誉称号并非"一评定终身"，一般五年一聘期，一年（或一聘期）一考核，考核内容主要包括师德师风、教学质量、教学业绩、教学研究、指导青年教师业绩等方面，不合格的将被取消相应称号。取得其他称号的教师,有的也需要考核,如享受国务院政府特殊津贴专家、特级教师、有突出贡献的中青年专家等,考核不合格的将被取消称号和待遇。不需要考核的荣誉称号,获得者也应该珍惜荣誉,体现高尚师德和良好的职业素养,发挥正向示范作用。

◆ **常规别忘记——教师资格定期注册**

《中小学教师资格定期注册暂行办法》明确规定:教师资格定期注册是对教师入职后从教资格的定期核查。中小学教师资格实行5年一周期的定期注册。定期注册不合格或逾期不注册的人员,不得从事教育教学工作。目前,只有聘用为中小学在编在岗的教师才需要进行教师资格定期注册,其他持有教师资格证人员暂不需要进行定期注册。

首次任教人员(新入编教师)试用期满且考核合格后,就可以开展教师资格定期注册工作。教师资格定期注册由省级以上教育行政部门组织进行,各地开展教师资格定期注册时间略有差异,一般集中在每年的10月、11月。各位老师可以关注"中国教师资格网",相关教师资格定期注册的工作都会在此网站上公布。一般教师所在区域和学校也会通知,新教师按要求提交相关资料即可。

◆ **终身要学习——专业技术人员继续教育**

著名教育家陶行知先生非常重视终身教育,他在《从穷人教育想到穷国教育》一文中说:学问没有止境,活到老,做到老,学到老,教到老。一直到进了棺材才算毕业。教师的工作对象是人,在知识不断丰富、信息不断更新的今天,教师只有不断学习才能跟上时代的步伐,才能满足最新的业务素质要求。此外,相关政策也明确规定,参加继续教育既是教师的权利也是其义务。各省均出台了教师继续教育学分登记管理的相关规定,教师每年和每五年培训周期需要达到相应的学时(学分),方可认定为继续教育合格。

◎ 学什么

为提高思想政治素质和业务素质进行的学习,内容包括法律法规,理论政策,职业道德,技术信息,从事教学工作应当掌握的新理论、新知识、新技术、新方法等。

◎ 合格要求

根据相关规定,教师参加继续教育五年周期内累计应不低于360学时,每年应不少于72学时。但各地进行教师继续教育学分登记时,需要将学时折算成学分,具体折算标准各地有一定差异。比如:某省要求教师在每个培训周期内,继续教育学分不低于120学分,每年不低于20学分。根据不同培训层次、类型适度区分折算标准,市级及以上集中培训每3学时、区县级集中培训每4学时、网络研修和校本研修每5学时折算为1学分。

需要注意的是,继续教育合格是年度考核合格、职称评审、岗位晋升、教师资格证定期注册、工资待遇晋升的必要条件和先决条件。但我们更应该清楚地认识到,继续教育不是形式和负担,其最终目的还是督促教师通过学习提升思想政治素质和专业能力,适应时代发展。

◆ 出入有规矩——交流轮岗、解聘

教师资源需要合理流动,下面就和大家谈谈交流轮岗和解聘。

◎ 交流轮岗

教师交流轮岗主要有两种形式:

一是动编制的交流轮岗(即工作调动,又名跨校竞聘等,各地名称略有差异)。申请这种类型的交流轮岗,一般有最低的服务年限要求。比如:公费师范生、各地定向培养的师范生,需要服务满签约年限,否则需要支付违约金;其他人员需要服务满招聘简章中规定的最低服务年限。当然,除符合基本年限要求外,还需要经现单位、拟调入单位、现单位和拟调入单位的教育主管部门、现单位和拟调入单位所在地区的人社部门等单位均同意才能完成此项工作。鉴于教学工作的特殊性,为了便于学校管理,一般在任教学年末(每年6月)向学校申请。切忌不办理手续一走了之,这样有可能会被学校单方面解聘并记入个人人事档案。

二是不动编制的交流轮岗(包括支教、交流等),编制留在现工作单位而到其他单位任教的情形,最常见的形式就是支教,一般由教师所在单位主管部门安排。目前,部分省市已将具有薄弱学校1年以上任教经历作为职称评审的必要条件。

◎ 解聘

解聘(解除聘用合同)指在编教师与用人单位聘用关系解除。常见的解聘方式有两种:

一是协商一致解聘。在编教师向学校提出解聘申请,经学校同意,报上级有关部门备案后,可以解除聘用合同。此为最常见的教师离职方式,广大教师常将此种方式称为"辞职"。

二是单方面解聘。由学校主动发起解聘教师。使用单方面解聘需要满足以下条件之一:①教师连续旷工超过15个工作日,或者1年内累计旷工超过30个工作日的;②教师年度考核不合格且不同意调整工作岗位,或者连续两年年度考核不合格的,学校提前30日书面通知。单方面解聘后,相关的解聘资料会放入个人档案。虽然学校一般会谨慎使用单方面解聘这一"利器",但是各位老师还是应尊重教师职业,认认真真工作,避免走到这一步。

◆ **心中存戒惧——事业单位工作人员处分规定**

"没有规矩,不成方圆。"2023年11月,中共中央组织部、人力资源社会保障部印发《事业单位工作人员处分规定》,对事业单位工作人员处分工作的基本原则、处分的种类和适用、违规违纪违法行为及其适用的处分、处分的权限和程序、复核和申诉等作出规定,为进一步严明事业单位纪律规矩、规范事业单位工作人员行为、保证事业单位及其工作人员依法履职提供了制度保障。

给予处分的违规违纪行为主要有:违反政治纪律、违反组织人事纪律、违反工作纪律、违反廉洁从业纪律、违反财经纪律、严重违反职业道德、严重违反公共秩序和社会公德的行为以及违法犯罪行为。

对于事业单位(含学校)非管理人员,将根据违规违纪行为的轻重,执行四种处分类型,即警告、记过、降低岗位等级和开除。同时有两种以上需要给予处分的行为的,将分别确定其处分。应当给予的处分种类不同的,执行其中最重的处分;应当给予开除以外多个相同种类处分的,处分期将按照一个处分期以上、多个处分期之和以下确定,最长不超过四十八个月。具体如下表。

事业单位人员处分的种类

处分种类	处分期限	具体要求	
警告	六个月	在作出处分决定的当年,参加年度考核,不能确定为优秀档次	受处分期间,不得聘用到高于现聘岗位;受到记过以上处分的,在受处分期间不得参加专业技术职称评审
记过	十二个月	受到记过处分的当年,参加年度考核,只写评语,不确定档次	
降低岗位等级	二十四个月	受到降低岗位等级处分的当年及第二年,参加年度考核,只写评语,不确定档次;自处分决定生效之日起降低一个以上岗位和职员等级聘用,按照事业单位收入分配有关规定确定其工资待遇	
开除		自处分决定生效之日起,终止其与事业单位的人事关系	

此外,不同地区也有专门针对教师的相关规定。洁身自好,不违反相关法律法规及相关制度要求,是教师的底线,希望各位教师守住底线,即使无法成长为名师,至少也应该成为良师。

好书推荐

《教师如何做课题》

李冲锋/著　华东师范大学出版社

推荐理由:教师专业发展对教师科研能力提出了新的要求,"教师成为研究者"已从写教学反思、教学随笔、教学论文进入到课题研究的阶段。逐渐成熟的你,也许可以尝试学做课题。本书从课题研究的价值、如何选择课题、如何进行课题设计、如何成功申报课题、如何做好开题论证、如何实施课题研究、如何面对中期检查、如何撰写结题报告、如何推广课题成果等方面入手,条分缕析地做出实战指导与疑难解析,力图帮助因为教学工作繁忙、面对课题不知如何入手的教师理清思路,顺利走上课题研究之路,是一本经典的实战指导书。

从"专长"到"专业"

> 大学期间,小熊主修油画专业。毕业后,他成为一名小学老师。当领取到小学6个年级的12本教科书时,他一下傻眼了:没有一节课是有关油画内容的,更多的是国画和手工。他所"学"与他将"教"很不一样。为了适应教学,他匆忙学了点国画技法,运用皴、擦、点、染等多种技法一气呵成画了一幅荷花。学生看后大呼:"老师,你好厉害啊!可我们看不懂。"这让他备受打击。这样的窘境,应该如何应对呢?

案例里的窘境,就是"专长"不对口和"专业"不过硬的问题。"专长"与"专业"既有区别又有联系。专业一般是指学科门类,要求个人形成相应知识和职业技能,能力素养是最为重要的。专长一般指个人所擅长的东西,也可以说是特长。比如:语文老师要有出色的语言表达能力、文章撰写能力,数学老师要有精准的运算能力,音乐老师要有出色的弹唱能力,美术老师要具备扎实的绘画能力等。专业特长是教师教学的基础,自己没有过硬的专业特长,怎么有底气教好学生呢?但是只有专业特长而不会表达或者错误展示,学生又怎么能学会呢?

◆ **全方位提升专长**

没有专长,显示不出你的与众不同和存在的特殊意义。提升技能和特长,方法就是:学。

◎ 要有信心,乐于学练。大学期间的学习已为你工作所需的专长奠定了坚实的基础。比如:大学期间所学的油画的构图、造型、调色等技能专长,在国画中也可使用,可帮助你快速掌握国画的基本技法。只要勤于学习和练习实践,你一定能练就需要的技能专长。

◎ 学要主动,不拘形式。工作期间的专长学习,是工作需求对教师的倒逼,没有人会要求你去学习。但若不学,你将难以胜任手中的工作。专长学习一定要积极主动,要有紧迫感。在学习方式上,既可以向校内前辈和高手拜师学习,师徒结对就是很好的平台;也可以利用网络、书籍等自学;还可以外出寻求专业培训和提升。只要努力,办法总比困难多。

◆ 从专长到专业

将知识技能尤其是专长技能传授给学生,离不开专业的方法。没有专业的方法,好比"茶壶里的汤圆——倒不出",这就需要我们自觉钻研教学方法,提升教学水平。

首先,要有必要的专长展示。这不是为了"炫技",而是为了让学生更加直观地学习和掌握知识技能。作为专业学科老师,我们要用学生最容易理解的方式,把学科特长技能教授给他们。比如:我在教授水墨动物时,就以分段游戏小练习的方式,让学生在"比比谁的激励效果更丰富"环节,通过比赛谁用毛笔蘸墨画出的肌理效果更丰富来练习皴、擦;在"我是小能手"环节,比试谁用毛笔画出的线条最流畅来练习用笔画线;在"大比拼"环节,指导学生用已经掌握的毛笔技法画出完整的水墨动物。一节课下来,我做的示范并不多,但是我运用自己学到的国画技法引导学生发现并掌握了国画绘画的基本技法,整堂课下来学生收获满满。

大师作品

优秀学生作品

其次,要多听课,尤其是优秀教师的课。从听课中模仿与学习,从听课中鉴别与提升。通过学习优秀教师的课堂教学和学生评价经验,总结提炼出你在未来教学中衡量学生的标准,为学生设定合理的技法掌握程度要求。

此外,还要争取多上展示课、赛课,获取锻炼提升的机会。实践是最好的老师,可以在实践中摸索方法。教研课、赛课和日常教学课不同,有一个磨课团队帮助你构思课程框架,给予你教学设计、教学语言等方面的建议,帮助你更快更好地掌握专业教学技能。例如:英语朗读,学生是通过齐读还是轮流读的方式更容易掌握单词;美术国画,学生对用笔技法的理解是通过教师示范还是微课展示效果更好;等等。教研课、赛课的团队打磨能帮助你更快、更好地找到解决办法。

如果说专长是教学的根系,那专业就是输送营养的经脉,没有过硬的学科专业技能素养和教学能力,教师就没有底气也无法开展教学。让我们做好"路漫漫其修远兮,吾将上下而求索"的准备吧!

好书推荐

《影响人生的书单:来自百位北大教授的推荐》

任羽中,李喆/主编　北京大学出版社

推荐理由:一本好书影响人的一生,一句人生箴言带给人前行的动力!站在巨人的肩膀上选佳作,137位北大教授推荐给你的不可不读的人生书单!

做"城里"的奋斗者

> 我是一名刚入职一年的"新兵"。在接受新教师成长调研访谈时,我从未想过将和名师们一起编写这本书。但既然有了这个机会,必然全力以赴。这里述说的,正是我一年的成长印迹和感悟,希望能给后来的新教师一点启发、一点激励。

《围城》中写道:"围在城里的人想逃出来,城外的人想冲进去,对婚姻也罢,事业也罢,人生的欲望大都如此。"教师职业对于许多人而言,是具有吸引力的"事业城",但也有人萌生了"出城"的想法。作为一名刚"进城"不久的新教师,应该如何保持职业新鲜感,不断拼搏奋进,在"城里"建造一座属于自己的大楼呢?

◆ 确立目标,拒绝"躺平"

当上教师,人生有了平台。但也有的人,走上岗位不久就产生了职业倦怠,开启了"躺平"模式,对待工作应付了事,不求上进。这不是一个人应当有的心态和追求。

确立目标,是医治"躺平"的药剂。没有职业规划和目标的工作就好比没有灯塔引航的航船,最终只能随波逐流,不知会漂到何方。到学校后,我给自己拟定的第一个小目标就是上好组内教研课。为了上好"剪纸故事"一课,国庆节假期7天我全部用于备课。虽然是假期,我也厚着脸皮向老教师请教。准备充分,构思巧妙,授课非常成功,受到校领导和老师们的好评。我享受到成功的喜悦,于是又将参加区级赛课定为下一个努力的目标。

罗马古城不是一天建成的,大志向的实现是由一个个小目标积攒而成的。年轻的你我没有理由"躺平",让我们从一个个小目标开始努力吧!

◆ 步步为营,全面发展

走上工作岗位后,校长第一次找我谈话的内容我至今铭记在心:教师安身立命的根本是具有扎实的教学技能和过硬的专业素养。在校立足,必须有扎实的知识功底、专业素养和教学技能,要有高效的课堂。

学校推荐我参加区级赛课,我给自己定下"争取一等奖"的目标。在校领导和老教师的指导下,我摆脱灌输式的教学方式,尝试启发和探索式的学生自主学习模式,提升课堂实效。我获得了区一等奖。通过磨课、赛课,我的授课模式和理念得到改变,教学思维得到提升。

赛后反思,我发现自己在自主提炼、教学重难点把控、课堂实效等方面还有很大的提升空间。于是,我申请到其他学校跟岗学习和外出培训。尤其是参加"国培计划(2021)"美术学科教师的专项培训,进一步开阔了眼界,更新了观念,收获大,进步快。现在的我已经能够独立备好并上好每一堂课,教学技能不断提升。

在提升教学技能的同时,我还着力提升专业素养。我利用周末自费学习国画和版画,还远赴广州学习先进的版画理念和技法。我将学到的新技法进行专题展示,吸引了许多学生,自己的社团也壮大起来,社团指导得心应手。一年来,我指导的版画社团先后获得市级和区级的展示活动二等奖,我也被评为市第九届中小学艺术展演活动先进个人。

◆ **学会"借力",笑对"风雨"**

年轻人可以有"初生牛犊不怕虎""傲视群雄"的气概,但我们需要的不仅仅是气概。作为年轻教师,在成长路上一定要有敬畏之心、学习之心,学会"借力"。有他人的帮助往往比自己一个人单打独斗要轻松、高效得多。老教师经验丰富,值得讨教。这样,能少走很多弯路,节省很多时间。当然,也要带着思考去学习,取其精华,去其糟粕,为我所用。

有的年轻教师把自己放置在学校的对立面,认为学校压榨自己,和自己过不去,这是不对的。换个心态和角度看问题,学校的安排有其道理,这是在培养自己,不是更好吗?毕竟,学校是我们的依靠和发展平台。我跟岗学习和参加国培的机会都是学校帮忙争取的,外出学习版画也得到了学校的支持。尤其令我印象深刻的是,带领社团参加市第九届中小学生艺术展演活动,如果没有学校统一协调指挥,文创制作、作品装裱、设计布展、视频制作、师生住宿等一大堆事项,仅凭我一己之力哪能完成。

当然，作为一名新教师走进学校，往往会溅起层层涟漪。新教师在开始一段时间在全校肯定是引人注目的，有的学校多年没进新教师，那你更会成为"万众瞩目"的焦点。你的言行可能会被过度解读，甚至会因为不熟悉而产生误会。这时不要急于解释和辩驳，低调为人处世，踏踏实实做好自己的本职工作，按既定目标提升自己，对于流言蜚语一笑了之。有句话说得好："时间是最好的解药。"在学校工作，人与人之间相处其实很简单，只要做好自己，日久见人心，时间久了这些小误会自然也就解除了。

教师岗位这座"城"，说大不大，说小不小，重要的在于你怎么看待它。有的人在进来后很快就把整座"城"走马观花地转了一圈，觉得无聊想拼命逃离这座"牢笼"；有的人想逃却没有勇气逃出去，最终成了这座"城里"的"孔乙己"；有的人在这座"城里"找到了拼搏奋斗的方向，每天开心地为自己修建楼房。我不知道你会成为哪一种人，但我建议你选择最后一种。我所分享的只是我自己在"城里"打拼的一些经验，我相信刚"入城"的你一定能在"城里"建起属于自己的楼房，成为"城里"的奋斗者。让我们一起改写《围城》中的那句话："城外的人想进来，城里的人正在忙。"

好书推荐

《先生之德风》

檀传宝/著　北京师范大学出版社

推荐理由：本书分上、下两篇。上篇为主体部分，是13篇记述当代卓越教师之风范的教育随笔，下篇则为研究三位教育大家（诺丁斯、黄济、鲁洁）教育思想的学术论文。下篇可谓对上篇的认识深化与补充。作为教育叙事的一种，本书以随笔方式生动、立体地勾勒出了当代卓越教师作为"大先生"的风貌，见证历史也记录光明，有补充当代教育史的学术价值。

当前，我们提倡教育家精神，渴望新时代的"大先生"，成为"四有好教师"式的教育家也是许多中国教育工作者越来越自觉的追求。为师者必须以德为先，希望新教师们在锤炼教育教学本领、成长为合格教师后，再回过头来跟着先生们的足迹，重温从事教育工作的初心，也夯实未来前行的路。

后记

两年,数易其稿,终于成书。

回忆这段历程,还要从两位编者的故事讲起。

开朗阳光的小W,是中师教育最辉煌的那段岁月的毕业生。她带着扎实过硬的教学功底,激情满怀地投入教育教学工作,很快便站上区级、市级的赛课舞台。从边远山区到近郊农村,再到都市学校,她变着花样当老师,学习朗诵当故事主播、记录教育故事、开展课题研究……把教育生活过得风生水起。多年的沉淀后,是专业的升华,区级骨干教师、名师、学科带头人,市级骨干教师、名师,一个个荣誉称号纷至沓来,看起来她似乎是老天的宠儿,但是只有她自己知道,她走过的每一步背后都流过多少汗水和泪水。她的每一次进步,都有前辈们毫无保留的指导。传承的种子已萌芽,她也开始毫无保留地指导新教师、年轻教师,从校内到校外、从区内到区外……

沉静内敛的小Y,是师范院校的非师范生,也从事了教师工作,第一个工作单位是一所农村小学。除了短暂得还没回过神来的区级新教师岗前培训,未接受过师范系统教育的小Y就这么稀里糊涂地站上了讲台。应该怎么管理班级,问遍了同校老教师,也没人能说清楚;应该怎么教学,更无人指导——乡村学校教研氛围不浓,加上没有老师与小Y教同一学科,甚至学校第一年都没给她订教参,那时也没有互联网……小Y像一个在黑暗中摸索的人,只能靠自己的感觉前行。她自学了教育学的课程,考了心理咨询师证书,学习了多媒体技术,软磨硬泡连续听了一位数学名师一个多月的课……直到有一天,她觉得自己终于在教学上入门了——这时,小Y已经工作了近8年。

后来,小Y在机缘巧合下成了教育管理者,与小W不期而遇,她们的第一个话题就是新教师培养。小W说:"要是有一本比较全面的像指南一样的书,让新教师从入职前的暑假开始了解职业、了解学生、熟悉管理、沟通家长、规划未来……那该多好呀!"小Y说:"是啊是啊,要是我当年能有这么一本指南……"于是,两人在眼神交会中一拍即合,编写《新教师的第一年——新教师成长指南》的念头就此萌生。

开展调研、编写大纲、发布"英雄招募令",20多位志同道合的名优教师就此相聚,成为本书的编委。编委们各有各的成长故事,或顺利或曲折,但无一例外,他们都毫无保留地将自己在教育生涯中走过的弯路、收获的风景,归结成系统的经验,希望照亮新教师们最初的那段路,让小Y们能成长得更快,让小W们能成长得更优。

2022年,本书作为内部资料供700余名新教师试用。2023年,试用本书一年的新教师们给出了高分好评。他们说这本书让他们减轻了焦虑,减少了迷茫,这本书带着他们快速入门,对他们帮助很大……这样的反馈,让编委们特别开心,这一刻,所有的辛苦都是值得的。

也许,世界上某个地方,还有更多的小Y在迷茫中摸索,还有更多的小W在孤军奋战。我们希望,这本书能像星星之火,点燃新教师前进路上的第一盏指路灯,为不同地域、不同性格、不同天赋的新教师照亮入职第一年的成长之路。

我们期待,每一位读者都能为本书提出更多改进建议;我们更期待,读过本书的新教师都能成长为良师、名师,再将经验薪火相传,无限延续下去。

编写组

2024年2月